GOREUON
Y GANRIF

Detholiad o Straeon Byrion

Gol. Christine M. Jones

GOMER

Argraffiad cyntaf – 1998
Ail argraffiad – 2003

ISBN 1 85902 522 6

ⓗ yr awduron/perchenogion yr hawlfraint

Dymuna'r cyhoeddwyr gydnabod cymorth
Adrannau Cyngor Llyfrau Cymru.

Argraffwyd gan
Wasg Gomer, Llandysul, Ceredigion

CYNNWYS

RHAGAIR

Nod y llyfr hwn yw cyflwyno dysgwyr y Gymraeg i bymtheg o awduron straeon byrion mwyaf adnabyddus (*well known*) yr 20fed ganrif. Cewch fwynhau gwledd (*feast*) o wahanol themâu—o'r hanesyddol i'r paranormal—wrth i chi gael eich tywys (*to lead*) trwy gyfoeth o brofiadau amrywiol gan gymeriadau o bob oed a chefndir. Mae'r gyfrol yn dechrau â nifer o straeon cyfoes (*contemporary*), hawdd eu darllen, gan awduron fel Mihangel Morgan ac Eigra Lewis Roberts, cyn symud tuag yn ôl (*backwards*) mewn amser i straeon mwy llenyddol (*literary*) neu'n dafodieithol (tafodieithol—*dialectal*) eu cystrawen (*construction*) gan Kate Roberts, D. J. Williams a'u tebyg. Nid yw'r straeon byrion eu hunain wedi cael eu talfyrru (*to abridge*) fel y nofelau yn y gyfres *Cam at y Cewri*. Sut bynnag, yma eto ceir nodiadau ar waelod pob tudalen yn esbonio'r eirfa ac unrhyw gystrawennau dieithr (*unfamiliar*). Unwaith yn unig y mae geiriau newydd yn cael eu diffinio ym mhob stori.

Darllenwyd y llawysgrif gan Julie Brake, Adran y Gymraeg, Prifysgol Cymru, Llanbedr Pont Steffan, ac rwy'n ddiolchgar iawn iddi am nifer o awgrymiadau gwerthfawr.

Diolch hefyd i'r cyhoeddwyr am ryddhau'r hawlfraint ar y straeon ac i Wasg Gomer yn arbennig am eu hamynedd a'u gofal wrth argraffu.

CHRISTINE M. JONES

YR AWDURON

Mihangel Morgan (1955-)

Ganwyd a magwyd Mihangel Morgan yn Aberdâr ac enillodd radd allanol (gradd allanol—*external degree*) yn y Gymraeg yng Ngholeg Prifysgol Cymru, Aberystwyth. Mae bellach yn gymrawd ymchwil (*research fellow*) yn Adran y Gymraeg yno. Ymddangosodd ei gyfrol gyntaf o gerddi, *Diflaniad Fy Fi* yn 1988 a *Beth yw Rhif Ffôn Duw?* yn 1991. Ei gyfrol gyntaf o ffuglen *(fiction)* oedd *Hen Lwybr a Storïau Eraill* (1992). Enillodd y Fedal Ryddiaith *(Prose Medal)* am ei nofel *Dirgel Ddyn* (1993). Mae wedi ysgrifennu dau gasgliad arall o straeon byrion sef, *Saith Pechod Marwol* (1993) a *Te gyda'r Frenhines* (1994). Yn 1996 cyhoeddodd *Tair Ochr y Geiniog* ac ysgrif ar Jane Edwards yn y gyfres *Llên y Llenor*. Mae ei gyfrol ddiweddaraf, *Melog* (1997), fel y gweddill o'i weithiau, yn llawn eironi, dychan *(satire)* a chryn dipyn o hiwmor.

Marged Pritchard (1919-)

Yn enedigol o Dregaron, Ceredigion, cafodd Marged Pritchard ei haddysgu yng Ngholeg Prifysgol Gogledd Cymru, Bangor. Mae hi wedi cyhoeddi nifer o nofelau a chyfrolau o straeon byrion â chefndir gwledig morol *(marine)* iddynt, ond gyda thipyn o bwyslais ar broblemau cyfoes. Ymhlith y rhain y mae *Cregyn ar y Traeth* (1974), *Gwylanod yn y Mynydd* (1975), *Breuddwydion* (1978), *Enfys y Bore* (1980) ac *Adar Brith* (1988). Yn 1976 enillodd ei nofel *Nid Mudan mo'r Môr* Fedal Ryddiaith yr Eisteddfod Genedlaethol. Cyhoeddwyd detholiad *(selection)* o'i straeon byrion o dan y teitl *Unwaith Eto* yn 1994.

Eigra Lewis Roberts (1939-)

Ganwyd Eigra Lewis Roberts ym Mlaenau Ffestiniog, Sir Feirionnydd ac wedi cyfnod fel athrawes, penderfynodd ymroi *(to devote oneself)* i fod yn awdur llawn amser. Mewn nofelau megis *Brynhyfryd* (1959), *Digon i'r Diwrnod* (1974), a *Mis o Fehefin* (1980), yn ogystal ag amryw *(several)* gyfrolau o straeon byrion sy'n cynnwys *Cudynnau* (1970), *Fe Ddaw Eto* (1976), a *Cymer a Fynnot* (1988), mae'n canolbwyntio ar broblemau bob dydd yr unigolyn *(individual)*, yn enwedig merched. Cyhoeddwyd casgliad o ysgrifau ar hanes merched enwog o Gymru ganddi yn 1975, sef *Siwgwr a Sbeis*, a chyfrol *Plentyn yr Haul* (1981) sy'n olrhain (*to trace*) stori bywyd Katherine Mansfield. Yn ystod y blynyddoedd diwethaf mae hi wedi ysgrifennu llawer ar gyfer y radio, y teledu a'r sinema a chyfrannodd ysgrif ar Kate Roberts i'r gyfres *Llên y Llenor* yn 1994. Mae hefyd wedi cyfieithu dyddiadur Anne Frank i'r Gymraeg (1996).

Pennar Davies (1911-1996)

Ganwyd Pennar Davies yn Aberpennar, Sir Forgannwg ac astudiodd yng Nghaerdydd, Rhydychen a Phrifysgol Yale. Bu'n weinidog yng Nghaerdydd am gyfnod o 1943 ac yna yn Athro yng Ngholegau Bala-Bangor ac Aberhonddu. Yn 1952 cafodd ei benodi (penodi—*to appoint*) yn Brifathro Coleg Coffa, Aberhonddu a pharhaodd yn y swydd honno (pan symudwyd y Coleg i Abertawe) hyd ei ymddeoliad yn 1981.

Bu Pennar Davies yn barddoni yn Saesneg ar y dechrau, ond wedyn dechreuodd farddoni yn Gymraeg yn ystod y pedwar degau. Cyhoeddwyd pum cyfrol o'i gerddi sef *Cinio'r Cythraul* (1946), *Naw Wfft* (1957), *Yr Efrydd o Lyn Cynon* (1961), *Y Tlws yn y Lotws* (1971) a *Llef* (1987). Mae'n awdur nifer fawr o gyfrolau rhyddiaith yn ogystal, megis y nofelau *Meibion Darogan* (1968) *Mabinogi Mwys* (1979) a *Gwas y Gwaredwr* (1991), y gyfrol o straeon *Llais y Durtur* (1985) ac amryw lyfrau diwinyddol (*theological*) ysgolheigaidd (*scholarly*) fel *Y Brenin Alltud* (1974).

Jane Edwards (1938-)

Yn wreiddiol o Niwbwrch, Sir Fôn astudiodd Jane Edwards i fod yn athrawes yn y Coleg Normal, Bangor. Nofelau serch oedd ei gweithiau cyntaf, *Dechrau Gofidiau* (1962) a *Byd o Gysgodion* (1964). Dengys ei nofelau megis *Bara Seguryd* (1969), *Dros Fryniau Bro Afallon* (1976), *Hon, debygem, ydoedd Gwlad yr Hafddydd* (1980), a'r *Bwthyn Cu* (1987) ei dawn ym maes dadansoddi seicolegol (*psychoanalysis*). Glaslencyndod (*adolescence*) yw pwnc y straeon yn *Blind Dêt* (1992), sy'n fath o ddilyniant (dilyniant—*sequel*) i'w chyfrol gynharach am blentyndod sef *Tyfu* (1973). Ymchwil merch i ddarganfod cyfrinach ei thad yw thema ei nofel ddiweddaraf *Pant yn y Gwely* (1993).

9

Roger Boore (1938-)

Yn fab i'r awdur Walter Huw Boore (1904-88), mae Roger Boore yn berchen ar Wasg y Dref Wen ac yn awdur un gyfrol o straeon byrion, *Ymerodraeth y Cymry* (1973). Mae hefyd wedi cyhoeddi nifer o lyfrau Cymraeg i blant gan gynnwys *Chwedlau Aesop* (1983), *Penfelen a'r Tri Arth* (1989) a'r *Bachgen Gwyllt* (1995) yn ogystal ag astudiaeth yn dwyn (*to bear*) y teitl *Llenyddiaeth Plant mewn Ieithoedd Lleiafrifol* (1978).

Eleri Llywelyn Morris (1951-)

Ganwyd Eleri Llywelyn Morris ym Mynytho, Pen Llŷn ac astudiodd Seicoleg yng Ngholeg y Brifysgol Caerdydd. Bu'n gweithio yn Adran Newyddion HTV am ddeunaw mis, yna gadawodd yn 1978 i sefydlu *Pais,* y cylchgrawn Cymraeg i ferched, a bu'n gyd-olygydd (*co-editor*) arno am bum mlynedd. Yn yr un flwyddyn cyhoeddwyd ei chyfrol o straeon byrion, *Straeon Bob Lliw.* O 1988 hyd 1991 gweithiodd i Gyngor Cwricwlwm Cymru yn darparu deunyddiau dysgu Cymraeg newydd ar gyfer ysgolion. Cyhoeddwyd nifer o'i sgriptiau ar gyfer y gyfres deledu *Cwlwm Serch* fel casgliad o straeon byrion, o'r un enw yn 1995. Mae hefyd yn gyd-olygydd cyfres o nofelau ar gyfer plant ail-iaith sef *Cyfres y Dolffin.* Ymhlith ei chyhoeddiadau eraill y mae *Tafod Pinc* (1990), *Genod Neis* (1993) ac *Inc Wirion Bost!* (1996).

Harri Pritchard Jones (1933-)

Yn enedigol o Loegr, cafodd Harri Pritchard Jones ei fagu ym Mhorthaethwy a Llangefni, Sir Fôn. Astudiodd feddygaeth yng Ngholeg y Drindod, Dulyn (*Dublin*) ac arhosodd yn Iwerddon am ryw ddeng mlynedd. Troes yn babydd (pabydd—*Catholic*) tra oedd yn byw yno a daeth yr ysbrydoliaeth (*inspiration*) am ei gyfrol gyntaf o straeon byrion, *Troeon* (1966) o'r wlad honno. Lleolir ei nofel *Dychwelyd* (1972) yn rhannol yn Iwerddon hefyd. Ymddangosodd ail gyfrol o'i straeon byrion yn 1978 sef *Pobl,* a gyhoeddwyd yn Saesneg o dan y teitl *Corner People* yn 1991. Stori garu rhwng hanner Cymro a Gwyddeles yw ei nofel *Ysglyfaeth* (1987) ac mae ei nofel *Bod yn Rhydd* (1992) yn ymwneud â phroblemau lleiafrifoedd ethnig (*ethnic minorities*) yng Nghaerdydd. Cyhoeddwyd detholiad o'i straeon o dan y teitl *Ar y Cyrion* yn 1994. Ymhlith ei weithiau eraill y mae astudiaeth o waith Saunders Lewis, *A Presentation of his Work*, (1990) a chyfrol o ysgrifau crefyddol personol, *Cyffes Pabydd wrth ei Ewyllys* (1996). Fe hefyd yw golygydd *Goreuon Storïau Kate Roberts* (1997).

Alun T. Lewis (1905-86)

Brodor o Landudno a enillodd radd mewn Mathemateg yng Ngholeg Prifysgol Gogledd Cymru, Bangor. Bu'n athro mathemateg wedyn yn Llanrwst am tua deng mlynedd ar hugain cyn gorffen ei yrfa yn is-brifathro yno. Cyhoeddodd bum cyfrol o straeon byrion, *Corlan Twsog* (1948), *Y Piser Trwm* (1957), *Blwyddyn o Garchar* (1962), Y *Dull Deg* (1973) a *Cesig Eira* (1979).

Islwyn Ffowc Elis (1924-)

Ganwyd Islwyn Ffowc Elis yn Wrecsam ond cafodd ei fagu ger Llangollen, yn Nyffryn Ceiriog. Ar ôl gadael Coleg Prifysgol Gogledd Cymru, Bangor bu'n weinidog am gyfnod cyn ymuno â'r BBC yn 1956 fel awdur a chynhyrchydd (cynhyrchydd—*producer*). Rhwng 1963 a 1975 bu'n ddarlithydd (darlithydd—*lecturer*) yng Ngholeg y Drindod, Caerfyrddin, yn olygydd a chyfieithydd gyda'r Cyngor Llyfrau Cymraeg ac yn awdur amser llawn. Cafodd ei benodi'n ddarlithydd yn y Gymraeg yng Ngholeg Prifysgol Dewi Sant yn 1975 a bu yno nes iddo ymddeol yn 1988.

Cysgod y Cryman (1953) oedd ei nofel gyntaf a chyhoeddodd ddilyniant iddi yn 1956 sef *Yn ôl i Leifior*. Ymhlith ei nofelau adnabyddus eraill y mae *Ffenestri tua'r Gwyll* (1955), *Wythnos yng Nghymru Fydd* (1957), a'r *Gromlech yn yr Haidd* (1971). Mae hefyd wedi ysgrifennu drama am y Diwygiad Methodistaidd (*Methodist Revival*) sef *Harris* (1973) a chasgliad o straeon byrion, *Marwydos* (1974). Yn 1991 cyhoeddwyd ei lyfr cyntaf i blant, *Mil ac Un o Nosau Arabia*. Darlledwyd (darlledu—*to broadcast*) fersiynau estynedig (*extended*) o'i nofelau am Leifior ar S4C ddechrau'r nawdegau.

John Gwilym Jones (1904-1988)

Yn enedigol o'r Groeslon, Sir Gaernarfon, aeth John Gwilym Jones i Goleg Prifysgol Gogledd Cymru, Bangor cyn mynd i ddysgu yn Llundain. Dychwelodd i ysgol yn Llandudno yn 1930. Ar ôl cyfnod fel cynhyrchydd dramâu radio gyda'r BBC cafodd ei benodi'n ddarlithydd yn Adran Gymraeg ei hen goleg. Ymddeolodd yn 1971.

Mae John Gwilym Jones yn cael ei ystyried yn un o brif ddramodwyr Cymraeg yr 20fed ganrif ar sail (*on the basis of*) dramâu megis *Y Tad a'r Mab* (1963), *Hanes Rhyw Gymro* (1964), *Ac Eto Nid Myfi* (1976) ac *Yr Adduned* (1979). Mae hefyd wedi ysgrifennu dwy nofel, *Y Dewis* (1942) a *Tri Diwrnod ac Angladd* (1979) a chyfrol o straeon byrion, *Y Goeden Eirin* (1946). Ymhlith ei weithiau beirniadol (*critical*) pwysicaf y mae *Crefft y Llenor* (1977) a *Swyddogaeth Beirniadaeth* (1977).

Islwyn Williams (1903-1957)

Brodor o Ystalyfera, Cwm Tawe a gafodd ei addysg yng Ngholeg y Drindod, Caerfyrddin. Mae'n cael ei gofio'n bennaf am ei ddwy gyfrol o straeon byrion, *Cap Wil Tomos* (1946) a *Storïau a Phortreadau* (1954). Cefndir ei lyfrau yw bywyd bob dydd y Cwm— y capel, y pyllau glo, yr eisteddfod a'r ffair. Mae'r rhan fwyaf o'i straeon yn nhafodiaith y fro ac o ganlyniad gwelir llawer o enghreifftiau o'r hyn a elwir yn 'galedu' yn ei waith. Lle bo 'd', 'b', neu 'g' yn digwydd ar ôl yr acen o fewn geiriau fel **cadw**, **stabal**, ac **agor** y mae'r 'd' yn troi'n 't', y 'b' yn 'p', a'r 'g' yn 'c'. Y ffurfiau a geir o ganlyniad yw **catw**, **stapal**, ac **acor**. Nodwedd arall o dafodiaith Cwm Tawe yw'r terfyniad '-ws' yn lle yr '-odd' arferol yn y trydydd person unigol gorffennol. **Collws** ac **enillws** a welir yng ngwaith Islwyn Williams, felly, nid **collodd** ac **enillodd**.

Kate Roberts (1891-1985)

Un o Rosgadfan, Sir Gaernarfon oedd Kate Roberts. Ar ôl astudio yng Ngholeg Prifysgol Gogledd Cymru, Bangor, bu'n dysgu yn y De am rai blynyddoedd, cyn iddi hi a'i gŵr Morris T. Williams brynu Gwasg Gee yn 1935 a symud i Ddinbych. Yn dilyn marwolaeth ei gŵr yn 1946 rhedodd Kate Roberts y busnes am ddeng mlynedd arall ar ei phen ei hun gan gyfrannu'n (cyfrannu-*to contribute*) rheolaidd at y papur newydd *Baner ac Amserau Cymru*.

Gellir rhannu gwaith creadigol (*creative*) Kate Roberts yn ddau gyfnod pendant. Mae'r cyntaf rhwng 1925 a 1937 yn cynnwys gweithiau megis ei nofel *Traed mewn Cyffion* (1936) a'r casgliad o straeon byrion *Ffair Gaeaf* (1937). Yn dilyn hyn bu bwlch o ddeuddeng mlynedd yn ei gwaith creadigol nes yr ymddangosodd ei llyfrau eraill rhwng y blynyddoedd 1949 a 1981. Dyma gyfnod y nofel *Y Byw sy'n Cysgu* (1956) a'i chyfrol enwog am blentyndod, *Te yn y Grug* (1959). Cyhoeddwyd ei hunangofiant *Y Lôn Wen* yn 1960.

D. J. Williams (1885-1970)

Ganwyd D. J. Williams yn Rhydcymerau, Sir Gaerfyrddin ac wedi cyfnod yn y pyllau glo yng Nghwm Rhondda, aeth i Goleg Prifysgol Cymru, Aberystwyth ac i Goleg Iesu, Rhydychen. Yr oedd yn un o sefydlwyr *(founders)* Plaid Cymru a chymerodd ran, gyda Saunders Lewis a Lewis Valentine, yn y weithred (gweithred—*act*) symbolaidd o losgi'r ysgol fomio ym Mhenyberth yn 1936.

Gwelwn ei hoffter o borteadu pobl yn ei lyfr *Hen Wynebau* (1934) ac eto yn y gyfres *Storïau'r Tir* (1936, 1941, 1949). Mae'r llyfrau hyn, yn ogystal â'i hunangofiant *Hen Dŷ Ffarm* (1953) ac *Yn Chwech ar Hugain Oed* (1959), yn llawn hiwmor, dychan ac ymadroddion *(phrases)* lliwgar o'i fro enedigol. A defnyddio term D. J. Williams ei hun, dyn ei 'filltir sgwâr' oedd e, a gafodd ei ysbrydoli *(to inspire)* gan gymdeithas agos a chyfeillgar ardal Rhydcymerau.

Richard Hughes Williams (Dic Tryfan) (1878-1919)

Newyddiadurwr *(journalist)* a aned yn Rhosgadfan, Sir Gaernarfon oedd Richard Hughes Williams. Wedi cyfnod yn y chwarel bu yn Lerpwl a Llundain ond dychwelodd i Gymru i fod yn newyddiadurwr yng Nghaernarfon, Aberystwyth a Llanelli. Collodd ei iechyd tra oedd yn gweithio mewn ffatri arfau *(arms)* ym Mhen-bre, Sir Gaerfyrddin, yn ystod y Rhyfel Byd Cyntaf a bu farw'n fuan wedyn. Cyhoeddwyd dau ddetholiad o'i straeon yn ystod ei fywyd, *Straeon y Chwarel* (dim dyddiad) a *Tair Stori Fer* (1916) yn ogystal â detholiad yn dwyn y teitl *Storïau gan Richard Hughes Williams* (1932).

Darllenwch ragor am yr awduron uchod yn *CYDYMAITH I LENYDDIAETH CYMRU*, 3ydd argraffiad (1997).

Y STORI FER

Cyfrwng (*medium*) modern yw'r stori fer a ddatblygodd yn gyflym iawn ar ddechrau'r ganrif hon. Cafodd y mwyafrif o ysgrifenwyr ddigon o ddeunydd (deunydd—*material*) yn eu hardaloedd eu hunain—chwareli (*quarries*) Rhosgadfan a'r cylch yn achos (*in the case of*) Richard Hughes Williams a Kate Roberts a'r fro amaethyddol (*agricultural*) yn achos D. J. Williams.

Chwaraeodd y tri awdur hyn ran allweddol yn natblygiad y stori fer. Meistrolodd Richard Hughes Williams a Kate Roberts un o hanfodion (*essentials*) y stori fer fodern, sef y ddawn (dawn—*talent*) i awgrymu drwy ddeialog neu ddisgrifiad yn hytrach na thraethu'n (traethu—*to expound*) uniongyrchol (*directly*). Mae Kate Roberts yn anad neb (*above all*) yn hoff o ddisgrifio cymeriad ar foment benodol (penodol—*particular*) mewn amser trwy gyfres o ddarluniau manwl, craff (*perceptive*). Yng ngwaith y ddau gwelir dylanwad meistri'r cyfandir megis Chekhov. Sut bynnag, dewisodd D. J. Williams barhau (parhau—*to continue*) â thraddodiad (traddodiad— *tradition*) storïwyr llafar y gorffennol, trwy ysgrifennu straeon ysgafnach, mwy ymadroddus (*eloquent*). Yn ei waith e, a gwaith ysgrifenwyr eraill megis Islwyn Williams, ceir teimlad cryf o berthyn a theyrngarwch (teyrngarwch—*loyalty*) i fro ynghyd ag (*together with*) elfen gref (cryf—*strong*) o hiwmor.

Un o arbrofwyr (*experimenters*) mwyaf chwyldroadol (*revolutionary*) y stori fer Gymraeg oedd John Gwilym Jones. Yn ei unig lyfr o straeon byrion, *Y Goeden Eirin* (1946) mae'n defnyddio dull (*method*) llif yr ymwybod (*stream of consciousness*) er mwyn cyfleu poen meddwl ei gymeriadau. Cymeriadau ydynt yn aml sydd wedi cael addysg ac sy'n ceisio dianc rhag culni (*narrowness*) eu magwraeth (*upbringing*). Yn anffodus ni ddylanwadodd (dylanwadu—*to influence*) straeon John Gwilym Jones lawer ar storïwyr eraill ei gyfnod.

Ar y llaw arall, mae nifer wedi ceisio efelychu (*to emulate*) Kate Roberts mewn themâu ac arddull (*style*)—rhai'n fwy llwyddiannus na'i gilydd. Un sydd yn llinach (*lineage*) Kate Roberts, achos ei dawn yn ogystal â natur leol ei defnydd, yw Eigra Lewis Roberts. Ar yr un pryd mae straeon byrion Jane Edwards am blentyndod yn y gyfrol *Tyfu* (1973) yn ein hatgoffa (atgoffa—*to remind*) i raddau (*to some extent*) o *Te yn y Grug* (1959) Kate Roberts.

Nid yn unig mewn straeon gan ferched y gwelir dylanwad Kate Roberts ar waith chwaith. Bu ei dylanwad yn amlwg ar weithiau cynnar Harri Pritchard Jones, er iddo fynd â'r stori fer Gymraeg o gefn gwlad i fywyd prysur y ddinas. Mae ysgrifenwyr eraill wedi dewis mynd gam ymhellach (*further*) trwy fynd y tu hwnt i (*beyond*) brofiadau cyffredin. Mentrodd Roger Boore i'r dyfodol a chamodd Islwyn Ffowc Elis i fyd cymhleth y paranormal. Gwnaeth Pennar Davies bawb a phobman yn faes y stori fer Gymraeg, tra dewisodd Alun T. Lewis ganolbwyntio (canolbwyntio—*to concentrate*) ar ddigwyddiadau yn hytrach nag ar bortreadau, yn enwedig yn ei straeon yn ymwneud â rhyfel.

Yr oedd y stori fer yn arbennig o boblogaidd yn ystod y chwedegau a'r saithdegau, a dechreuwyd cyhoeddi detholiadau (*anthologies*) o straeon byrion megis y gyfres *Ystorïau'r Dydd* (1968-74) a *Storïau Awr Hamdden* (1974-79). Daeth llawer o awduron newydd talentog i'r amlwg (*to prominence*) yn ystod y cyfnod, yn enwedig menywod megis Marged Pritchard ac Eleri Llywelyn Morris.

Yn dilyn rhai blynyddoedd llai toreithiog (*abundant*) yn ystod yr wythdegau, mae'r rhod (*wheel*) wedi troi unwaith yn rhagor ac mae'r stori fer bellach yn mynd trwy gyfnod o adfywiad (*revival*) yn nwylo to newydd o awduron ifanc megis Mihangel Morgan.

(Crynodeb o sylwadau Meic Stephens, *Cydymaith i Lenyddiaeth Cymru*, 3ydd argraffiad, 1997)

BYRFODDAU

ben.   —benywaidd, *feminine*
(D.C.)   —ffurf a ddefnyddir yn Ne Cymru
(G.C.)   —ffurff a ddefnyddir yng Ngogledd Cymru
h.y.   —hynny yw, *that is*
llu.   —lluosog, *plural*
yn ffig. —yn ffigurol, *figuratively*

Mihangel Morgan
Te gyda'r Frenhines

Nia

Nid oedd Nhad a Mam yn fodlon fy mod i'n mynd i weld Nia. Nid oedd rhieni Nia yn fodlon chwaith. Synhwyro anfodlonrwydd Mr a Mrs Griffiths yr oeddwn ond roedd Nhad a Mam wedi datgan eu barn yn ddiflewyn-ar-dafod nad oeddynt yn hapus fy mod i'n mynd dros y stryd i weld Nia mor aml.

—Pam? gofynnais i Mam am air o eglurhad.

—Achos bachgen yn yr ysgol wyt ti ac mae Nia'n fenyw ganol oed.

—Dyw hyn'na ddim yn rheswm pam na allwn ni fod yn ffrindiau.

—Smo Mr a Mrs Griffiths yn mo'yn dy weld ti o hyd.

—Smo fi'n mynd i weld Mr a Mrs Griffiths, mynd i weld Nia ydw i.

—Wel smo Nia yn mo'yn boddran 'da ti chwaith.

—Mae hi'n falch o 'ngweld i. Hi sy'n gofyn i mi fynd draw.

Roedd hi'n wir fod Nia yn gofyn i mi alw a'i bod yn ymddangos yn falch o'm gweld i bob tro a'i bod yn siarad â mi fel melin bupur ond gwyddwn, yn fy nghalon, nad oeddwn i'n golygu dim iddi mewn gwirionedd.

Roedd Mam yn iawn, dim ond bachgen ysgol yn ei iwnifform oeddwn i—ond yn wrandawr da, yn gynulleidfa o un, yn glust i arllwys problemau a chyfrinachau iddi, a theimlai Nia yn saff yn gwneud hynny oherwydd credai nad oeddwn i'n ddigon hen i ddeall popeth a ddywedai. Ond fuaswn i byth wedi datgelu un o'i chyfrinachau hi am y byd i gyd ac nid oedd y ffaith nad oeddwn i'n neb iddi yn poeni dim arnaf o gwbl oherwydd fy mod i'n

---

synhwyro: *to sense*
datgan: *to declare*
yn ddiflewyn-ar-dafod: yn blwmp ac yn blaen, *frankly*
eglurhad: *explanation*
smo Mr a Mrs G. yn mo'yn (D.C.): dydy Mr a Mrs G. ddim eisiau

fel melin bupur (G.C.): fel pwll y môr, yn ddi-stop
gwyddwn: roeddwn i'n gwybod
mewn gwirionedd: *truthfully speaking*
arllwys: *to pour*
cyfrinachau: *secrets*
datgelu: *to reveal*

gaethwas iddi, yn barod i blygu i'w threfn a gwneud ei hewyllys bob amser—fel ci bach.

I mi Nia oedd tywysoges y fro; roedd hi'n wahanol i bawb arall. Roedd hi'n dalach na'r merched eraill, gyda'i hwyneb hir a'i thalcen mirain. Ei gwallt du—gydag ambell linell arian—wedi'i gribo'n ôl dros ei hysgwyddau. Gwisgai mewn du bob amser, weithiau mewn du a choch, â llawer o freichledi am ei garddyrnau, ac yn hongian o gadwyn aur denau hir rhyw dlws aur cywrain a orweddai yn y pant rhwng ei dwyfron. Ni fyddai Nia byth yn cloncan gyda'r merched eraill, ni fyddai byth yn gweiddi dros y wal wrth wisgo cyrlars neu sgarff am ei phen a sigarét yn ei phen, ni fyddai byth yn esgus brwsïo'r pafin yn y ffrynt dim ond i gael gweld beth oedd yn mynd ymlaen ar y stryd. Credai'r cymdogion ei bod hi'n dipyn o snob oherwydd anaml y dywedai 'hylô' wrthynt, dim ond os oedd hi'n teimlo'n 'serchus'. Roedd ei mam, Mrs Griffiths, ar y llaw arall, yn fwy cyffredin a thrwyddi hi y câi Nia newyddion y stryd; wedi'r cyfan roedd hi, Nia, bob amser yn barod i gydymdeimlo pan fyddai rhywun yn dost neu wedi claddu rhyw berthynas. Gwnâi hyn o ran dyletswydd. Ond ofnai'r cymdogion siarad â hi ar y cyfryw brydiau; siaradai Saesneg fel rhywun ar y teledu ac roedd ei Chymraeg hi mor gywir â phregethwr. Roedd ei thad, Mr Griffiths, yn athro Cymraeg wedi ymddeol, a dim ond Cymraeg fyddai ef a Nia yn siarad gyda'i gilydd—a hyn, yn fwy na dim byd arall a osodai Nia ar wahân i ferched eraill y cylch. Dywedodd Nesta Thomas wrth Mam:

—Mae hi ddim yn lico chi'n siarad Sisneg ond mae hi'n rhy barod i gywiro'ch Cwmrêg chi wedyn. Wel, mae hi'n gallu darllen a sgrifennu Cwmrêg chi'n gweld.

Yn wir Nia oedd tywysoges y fro. Pan ddaeth yr Eisteddfod Genedlaethol i'n hardal ni, Nia gafodd yr anrhydedd o gyflwyno'r

---

caethwas: *slave*

plygu: *to bend*

ewyllys: *will*

mirain: *hardd, teg*

breichledi: *braclets*

garddyrnau: *wrists*

cadwyn: *a chain*

tlws aur cywrain: *intricate gold jewel*

pant: *hollow*

cloncan (D.C.): *to gossip*

serchus: *affable, pleasant*

dyletswydd: *duty*

ar y cyfryw brydiau: *at such times*

y cylch: *yr ardal, y fro*

anrhydedd: *honour*

cyflwyno: *to present*

18

Corn Hirlas i'r Archdderwydd. Enillasai sawl gwobr am adrodd mewn eisteddfodau—gwelais ei thystysgrifau yn ei hystafell.

Roeddwn i wedi dechrau mynd i'w gweld hi pan oeddwn i'n ddim ond crwtyn bach. Roedd hi a'i rhieni yn mynd i'r un capel â Mam ac ar ôl yr Ysgol Sul un tro dywedais y down i i dorri'r lawnt iddyn nhw, y teulu Griffiths. Roedd gen i ryw degan ar y pryd a oedd yn debyg—yn fy meddwl plentynnaidd i—i declyn lladd gwair. Cefais losin gan Nia ar ôl chwarae gweithio yn yr ardd am ddim mwy na deng munud, a chyda'r losin wahoddiad i alw eto. Felly y dechreuodd ein cyfeillgarwch. Wrth i mi dyfu a blino ar smalio gweithio yn yr ardd fe ddechreuodd Nia ddangos ei lluniau i mi—cardiau oeddynt:

—Dyma lun gan Ceri Richards brynais i'r tro diwetha y bues i yn Llundain . . . a dyma un gan John Petts . . . Arthur Giradelli . . . Brenda Chamberlain . . .

Wyddwn i ddim ar y pryd mai ymfalchïo yn ei gwybodaeth am artistiaid anghyffredin lled-Gymreig yr oedd hi. Roeddwn i wrth fy modd yn edrych ar y lluniau.

Yn nes ymlaen dangosodd ei chasgliad enfawr o lyfrau i mi a darllenai ddarnau o'r Mabinogi—

—Meithrin aderyn a wnaeth hithau ar dâl y noe gyda hi a dysgu iaith iddo . . .

A cherddi fel:

Mae 'nghalon i cyn drymed
Â'r march sy'n dringo'r rhiw;
Wrth geisio bod yn llawen
Ni fedraf yn fy myw . . .

neu:

---

corn hirlas: *horn of plenty*
archdderwydd: *archdruid*
tystysgrifau: *certificates*
crwtyn (D.C.): *bachgen*
teclyn lladd gwair: *lawn-mower*
cyfeillgarwch: *friendship*
smalio (G.C.): *to pretend*
ymfalchïo: *to pride oneself*

lled-Gymreig: *half Welsh*
meithrin: magu, *to foster*
ar dâl y noe: ar ochr y badell fara (chwedl Branwen)
cyn drymed â: mor drwm â (pennill traddodiadol)
march: *stallion*
rhiw (D.C.): *bryn*

A chodi'r bore i ddymuno nos,
A throsi drwy'r nos hir, dan ddisgwyl bore . . .
A chlywed gwynt yn cwyno ym mrigau'r pîn,
A gwrando ar ymddiddan 'nhad a 'mam!

Ac actiai ddarnau o ddramâu:

—Na, na. Nid ofni dynion yr wyf. Ond ofni gwacter, ofn unigedd.

Yn y capel edrychai mor hunanfeddiannol a ffroenuchel ond erbyn hyn, a finnau'n ei nabod yn well, dysgaswn nad un felly mohoni mewn gwirionedd. Dysgaswn ei bod hi'n boenus o swil a bod y cymdogion wedi camddehongli hynny fel snobyddiaeth. Dysgaswn ei bod hi'n eithriadol o unig a bod pawb wedi camddeall hynny fel hunan-dyb oeraidd. Ond onid oedd hi wedi cael ei gorfodi i chwarae'r rhan yr oedd y gymdogaeth wedi'i hysgrifennu ar ei chyfer? Roedd y cymdogion yn snobyddion wyneb i waered—doedd Nia ddim yn ddigon 'cyffredin', ddim yn ddigon 'gwerinaidd' ar gyfer eu safonau nhw, safonau cul iawn. Roedd cyffredinedd ac unffurfiaeth yn orfodol yn ein hardal ni, dyna pam ei bod yn ardal ddi-nod hyd yn oed yng Nghymru.

Ac eto, efallai'i bod hi'n snob wedi'r cyfan. Dywedodd Kitty Bowen wrth Mam (o fewn fy nghlyw, roeddwn i'n clustfeinio o'r golwg) fod Nia yn:

—Dipyn o ledi pan oedd hi'n ifancach. Ro'dd lot o wahanol gariadon 'da hi ar un adeg. Dynion ifenc y Blaid a'r Cymmrodorion, dynion y colegau, deintyddion, cyfreithwyr a doctoriaid i gyd oedden nhw.

---

trosi: troi ('Gwladys Rhys'—W. J. Gruffydd)
brigau: *branches*
pîn: *pine, fir*
ymddiddan: sgwrs, sgwrsio
gwacter: *emptiness* (*Blodeuwedd*—Saunders Lewis)
unigedd: *loneliness, solitude*
hunanfeddiannol: *self-possessed*
ffroenuchel: *haughty, disdainful*
camddehongli: *to misinterpret*
yn eithriadol o: *exceptionally*
hunan-dyb: *self-conceit*
onid oedd hi: *hadn't she*

cymdogaeth: *neighbourhood*
ar ei chyfer: *for her* (ar gyfer)
wyneb i waered: *inverted*
gwerinaidd: *ordinary*
cyffredinedd: *ordinariness*
unffurfiaeth: *uniformity*
gorfodol: *compulsory*
di-nod: *insignificant*
clustfeinio: *to eavesdrop*
y Blaid: h.y. Plaid Cymru
y Cymmrodorion: *a Welsh literary / historical society*
cyfreithwyr: *lawyers*

Ond mae gan bobl fel Kitty ddawn i gloriannu a dosbarthu rhywun yn dwt mewn ychydig o eiriau, ei ddiffinio a distyllu'i holl hanes mewn brawddeg neu ddwy; tasg sy'n amhosibl mewn gwirionedd.

—Bu hi'n caru gyda sawl un, meddai Kitty, Dafydd Roderick am dipyn ac yna Meirion Isaac y pensaer, ac yna'r dyn bach o'r teledu, pawb yn siŵr ei bod hi'n mynd i briodi y tro hwnnw. Ond nid felly y bu hi. Mae hi wedi methu rhwydo'r un dyn. Meddwl ei bod hi'n rhywun mae hi a'i bod hi'n well na phawb arall.

Onid oeddwn i'n gweld ochr arall y geiniog i raddau? Roedd Nia yn fywiog, yn ddifyr, yn lliwgar, yn greadigol, yn ddramatig, yn ddiddorol, roedd ei meddwl yn chwim a gwyddai beth wmbreth o bethau. Felly os oedd hi'n credu'i bod hi'n well na neb arall roeddwn i'n cytuno â hi. Dyna pam y gofynnais iddi fy mhriodi pan oeddwn i'n grwtyn.

—Paid â bod yn wirion, meddai, gan roi ei bysedd hirion ar fy mraich, rwyt ti'n rhy ifanc. Erbyn y byddi di'n ddigon hen i briodi bydda i'n hen wraig benwyn heb ddannedd a byddi di wedi cwrdd â rhyw lodes hardd beth bynnag.

—Wnei di byth fynd yn hen.

—Rydw i'n hen eisoes. 'Hi hen eleni ganed.'

Wrth i mi dyfu fe welais synnwyr ei geiriau, wrth gwrs. Gwelais fy mod i'n tyfu ac eto na wnawn i byth ddal i fyny â hi fel yr oeddwn i wedi meddwl yn ddiniwed pan oeddwn i'n fachgen bach. Serch hynny, wnes i erioed gwrdd â rhyw lodes hardd.

Roeddwn i yn f'arddegau cynnar felly pan ddechreuodd fy rhieni fynegi yr anfodlonrwydd yna a phan ddechreuodd Mr a Mrs Griffiths wgu eu hanfodlonrwydd hwythau ar ein cyfeillgarwch. Ond y cyfnod hwn a welodd y datblygiadau mwyaf diddorol yn ein hanes—a hefyd, gwaetha'r modd, y diwedd

---

dawn: *talent*
cloriannu: *to weigh up*
yn dwt: *neatly*
distyllu: *to distil*
pensaer: *architect*
rhwydo: *to snare, to net*
difyr: *amusing, pleasant*
chwim: *quick*
peth wmbreth o: h.y. peth wmbredd o, *an abundance of*

gwirion: dwl, *daft*
penwyn: *grey-haired*
lodes: merch
'hi hen eleni ganed': 'Cân yr Henwr'—9fed ganrif
diniwed: *innocent*
f'arddegau: *my teens*
mynegi: *to express*
gwgu: *to frown*
gwaetha'r modd: *worse luck*

21

anochel a hynny mewn ffordd anragweladwy ac annhymig, i'm tyb i o leiaf.

Roedd Nia wedi dechrau rhannu'i chyfrinachau â mi. Gwyddwn nad oeddwn yn ymddiriedwr delfrydol, roedd hi wedi methu dod o hyd i ferch o'r un anian â hi yn y fro, ond gwnawn y tro gan fy mod i ar gael bob amser, yn barod i wrando a chadw cyfrinach. Un tro aethai Nia i Gregynog ar gwrs llenyddol a phan ddaeth yn ei hôl dywedodd ei bod hi wedi cwympo mewn cariad â'r darlithydd. Nid oeddwn yn deall sut y gallai hi ymserchu mewn dyn a oedd yn fwy na deng mlynedd ar hugain yn hŷn na hi—yr un oedran â'i thad bron, a hwnnw yn hen ŵr—serch hynny doedd hi ddim yn gallu fy ngharu i a oedd ugain mlynedd yn iau na hi, neu o leiaf, os gallai hi garu rhywun hŷn dylai hi hefyd werthfawrogi'n sefyllfa innau. Beth bynnag, ysgrifennai lythyron at y dyn hwn gan fynegi'i theimladau'n angerddol, a darllenai bob llythyr i mi cyn ei roi yn yr amlen. Braidd yn oeraidd a phrin oedd yr atebion a gawsai.

Ond yna cwympodd Nia yn y dre a phan es i i'w gweld hi gyda phecyn o losins ar ôl yr anap roedd breichled fwy nag arfer ei maint—o blastr—am ei garddwrn.

—O diolch, meddai am y losins, gan stwffio'r pecyn y tu ôl i'w chefn; roedd ganddi rywbeth roedd hi'n ysu i'w rannu â mi. — Dw i wedi bod i weld y doctor, doctor newydd, Dr Mansel Lloyd. Cymro glân, pur, a gŵr bonheddig hefyd; mae e mor garedig. A'i ddwylo. Roedd ei ddwylo fel dwylo angel.

Roedd hi'n amlwg ei bod hi wedi anghofio'i hen ddarlithydd yng Ngregynog a'i bod dros ei phen a'i chlustiau mewn cariad â'r doctor hwn, bellach. Edrychodd ar y plastr am ei braich a sibrydodd y gair—Rhagluniaeth.

Wythnos ar ôl hyn aethai i weld y meddyg eto. Taflodd ei

---

anochel: *inevitable*
anragweladwy: *unforseeable*
annhymig: *premature*
tyb: barn, meddwl
ymddiriedwr: *confidant*
delfrydol: *ideal*
anian: *nature*
hŷn: henach
iau: ifancach

yn angerddol: *passionately*
prin: *scarce*
anap: *mishap*
garddwrn: *wrist*
ysu: *to itch, to crave*
Cymro glân: *a thorough Welshman*
dros ei phen a'i chlustiau: *head over heels*
sibrydodd: *she whispered* (sibrwd)
rhagluniaeth: *providence*

breichiau am fy ngwddf pan es i i'w gweld hi. Roedd hi'n gwisgo persawr a'm hamgylchynai megis cwmwl hud. Gallwn deimlo'i chalon yn curo a'i dwyfron yn erbyn f'ochr a'i gruddiau meddal a llyfn yn erbyn fy wyneb innau.

—O f'anwylyd, meddai, mae Dr Mansel yn ffein. Ac wyddost ti be? Dw i'n amau 'i fod e'n 'yn licio i! Mae'r enaid yn synhwyro peth fel'na.

Aeth hi i weld y doctor eto ac ar ôl yr ymweliad hwnnw roedd ei brwdfrydedd fel petasai'n mynd i ferwi drosodd.

—Dwi'n siŵr fod Dr Mansel a finnau'n mynd i fod yn ffrindiau, wyddost ti, yn 'eneidiau hoff, cytûn'. Mae e wedi 'ngwahodd i gwrdd â fe yn y dre am de ac efallai'r awn ni wedyn i Gaerdydd gyda'n gilydd. Paid â gweud wrth neb. Efallai'r awn ni i'r theatr.

Wnes i ddim gweld Nia ar ei phen ei hun am wythnosau wedyn. Bob tro yr awn dros y stryd i'w gweld hi deuai'i mam neu'i thad i'r drws a dweud bod Nia yn gorffwys, doedd hi ddim eisiau fy ngweld i, a phan fyddai hi wedi mynd ma's treuliai'r amser gyda'r doctor—er bod ei hanaf wedi hen wella erbyn hyn. Bu ond y dim i mi fynd o'm cof oherwydd f'eiddigedd a'm hunigrwydd a'm hiraeth am gwmni Nia.

Ond daeth tro ar fyd eto. Daeth Nia i'n tŷ ni gan ofyn i mi fynd i'w gweld hi. Dyna'r unig dro iddi ddod i alw amdanaf fi.

—Ble wyt ti wedi bod? Pam wyt ti wedi bod mor ddieithr, yn cadw draw yn union pan oedd d'angen arnaf? meddai.

Sut oeddwn i i wybod, a hithau'n gwrthod fy ngweld i? Petasai hi ond yn gwybod cymaint yr oeddwn i wedi gweld ei heisiau hi. Dechreuodd Nia ddatod ei phecyn gofidiau newydd ar unwaith, bron.

—Mae'r doctor 'na, Dr Mansel, wedi fy mradychu i. Ro'n i yn

---

persawr: *perfume*
a'm hamgylchynai: a oedd yn f'amgylchynu
    (to surround)
hud: *magic*
gruddiau: bochau, *cheeks*
llyfn: *smooth*
ffein (D.C.): *lovely*
enaid: *soul*
brwdfrydedd: *enthusiasm*
'eneidiau hoff, cytûn': cyfeiriad at 'enaid hoff, cytûn' yn 'Eifionydd'—R.Williams Parry

anaf: *injury, wound*
bu ond y dim i mi: *I almost*
eiddigedd: *jealousy*
mor ddieithr: *such a stranger*
datod: *to undo*
pecyn gofidiau: *parcel of woes*
bradychu: *to betray*

y syrjeri 'da fe ar fy mhen fy hun ac mi . . . mi wna'th e rywbeth i mi. Ond nawr dw i'n deall ei fod e'n briod a bod dou o blant 'da fe!

Roedd hi'n llefain y glaw a buaswn i wedi licio'i chysuro hi ond allwn i ddim.

—Y diawl ffiaidd! meddai gyda'r fath ddicter ac yna poerodd y geiriau unwaith eto fel cols poeth o'i cheg—y diawl ffiaidd!

Buaswn i wedi licio lladd y doctor hwnnw.

Wythnos ar ôl hyn roeddwn i'n croesi'r stryd ar fy ffordd i'w gweld hi pan ddaeth Nia o'i thŷ.

—Dw i ar fy ffordd i Gaerdydd, f'anwylyd, i siopa, meddai'n ddigon siriol, dere draw fory a chei di weld be dw i wedi'i brynu. Hwyl! A ffwrdd â hi.

Roedd hi'n wahanol, roedd wedi tawelu. Roedd hi wedi newid yn llwyr.

Pan es i i'w gweld hi drannoeth roedd ei hymddygiad yn rhyfedd iawn. Aethon ni lan i'w hystafell yn llechwraidd a chaeodd hi'r drws ar ein holau yn dawel, yna safodd am dipyn â'i chlust yn erbyn y drws yn gwrando am ei mam neu'i thad. Ar ôl iddi deimlo'n fodlon nad oedd neb yn symud yr ochr arall i'r drws aeth i'w wardrob a thynnu pentwr o focsys mawr allan. Agorodd y bocsys fesul un a dangos eu cynnwys i mi; sgidiau newydd, dillad newydd, dillad anghyffredin o amryliw, yn wahanol iawn i'w du a choch arferol. Ond gadawodd un bocs anferth tan yr olaf a phan agorodd y clawr cefais ysgytiad—ynddo roedd y ffrog briodas wen fwyaf prydferth a chrand ac addurnedig a welswn erioed yn ein tre ni. Fel petai hi wedi gweld y braw ar fy wyneb, sibrydodd:

—Ie, f'anwylyd, dw i'n mynd i briodi wedi'r cyfan; paid â dweud wrth neb eto, dw i'n mynd i briodi'r Dr Mansel Lloyd. Dw i wedi trefnu popeth.

---

yn llefain y glaw (D.C.): *crying her eyes out*
y diawl ffiaidd: *the loathsome devil*
dicter: *anger*
poerodd: *she spat* (poeri)
cols poeth: *hot embers*
siriol: llawen, hapus
trannoeth: y diwrnod wedyn
ymddygiad: *behaviour*
yn llechwraidd: *furtively*

pentwr: *a heap*
fesul un: *one by one*
amryliw: *multicoloured*
anferth: *huge, enormous*
clawr: *cover*
ysgytiad: sioc
addurnedig: *decorated*
braw: syndod

24

Yn fuan ar ôl y newyddion syfrdanol hyn (tridiau efallai) daeth Kitty i'n tŷ ni â cherdyn bach yn ei llaw, cerdyn lliw hufen a llythrennau arian arno.

—Ti wedi ca'l un hefyd, meddai Mam a dyma hithau'n tynnu cerdyn yn gwmws yr un peth o'r boced yn ei ffedog. Yna daeth Bopa Casi drws nesaf i mewn, roedd hi wedi cael un o'r cardiau hefyd. A dyna lle buon nhw ill tair yn trafod y cardiau am weddill y dydd. Yn y man daeth hi'n eglur fod Nia wedi anfon y cardiau hyn at bawb yn yr ardal yn eu gwahodd nhw i'n Capel ar y dyddiad a'r amser penodedig i'w phriodas hi a Dr Mansel Lloyd. Ond nid oedd y trefniadau yn y cyhoeddiad wedi cael eu cytuno gyda'n gweinidog ni, Mr Davies, a'r cyntaf a glywodd Dr Lloyd am y peth oedd pan gafodd un o'r cardiau! Yn wir cafodd pawb ond gwraig Dr Lloyd eu gwahodd i'r briodas ffug. Chwarae teg iddi, dododd Nia wahoddiad i mi'n bersonol mewn amlen arbennig a'm henw arni, drwy'r drws, ar wahân i wahoddiad fy rhieni.

Ymddengys fod Nia wedi mynd i Gaerdydd gyda llyfr sieciau ei rhieni a'i bod hi wedi gwario cannoedd o bunnoedd ar ddillad ar gyfer ei 'mis mêl' ac ar argraffu'r gwahoddiadau ac, wrth gwrs, ar y wisg briodas ysblennydd.

Dygodd Dr Lloyd achos yn erbyn Nia a chafodd ei dwyn o flaen 'ei gwell'. Am wythnosau bu'r hanes yn llenwi tudalennau'r papurau lleol ac roedd Nia yn gyff gwawd yn y cylch. Ni wnaeth hi ddim i'w hamddiffyn ei hun. Ond ni allai ddal y pwysau, druan ohoni, a bu'n rhaid iddi fynd i'r ysbyty ym Mhen-y-bont ar Ogwr am gyfnod.

Pan ddaeth hi yn ôl i dŷ ei rhieni roedd hi'n wahanol eto. O'r braidd yr oedden ni'n nabod ein gilydd.

—Rwyt ti wedi tyfu cymaint, meddai. Ond roedd Nia wedi newid hefyd; roedd hi'n denau ac yn esgyrnog, roedd ei hwyneb

---

syfrdanol: *astonishing*
tridiau: tri diwrnod
yn gymws: h.y. yn gymwys, *exactly*
ffedog: *apron*
bopa (D.C.): modryb
yn y man: *presently*
penodedig: *appointed*
cyhoeddiad: *announcement*
ymddengys: mae'n ymddangos *(to appear)*

mis mêl: *honeymoon*
argraffu: *to print*
ysblennydd: *splendid*
dygodd Dr Ll. achos: *Dr Ll. brought a case* (dwyn)
o flaen 'ei gwell': *before the court*
cyff gwawd: *laughing stock*
amddiffyn: *to defend*
o'r braidd: *hardly*
esgyrnog: *bony*

yn welw, yn dywyll o dan ei llygaid; roedd ei gruddiau'n bantiau nawr a'i gwallt yn wyn i gyd. Ond doedd hi ddim wedi colli'i hurddas. Dyna'r tro cyntaf i mi deimlo'n ymwybodol o'i hoedran a'r agendor amser rhyngom ni.

—O, dw i'n falch o dy weld ti, f'anwylyd. Ac am y tro cyntaf efallai roedd hi'n meddwl hynny.

—Does neb yn dod ar fy nghyfyl i nawr a phan a' i i'r dre dw i'n cael lot o hen wynebau hir yn syllu arna i cystal â gweud 'Fasa hon'na ddim yn plesio neb'. Ond dw i ddim yn cymryd dim sylw.

Ond gwyddwn ei bod hi wedi cael ei brifo ac mai ffug oedd ei difaterwch. Ni allai ddarllen nac adrodd barddoniaeth. Roedd hi'n dioddef.

Un tro roedd hi'n ymddangos yn well ac yn dawelach ei hysbryd. Roedden ni'n eistedd yn y parlwr ac aeth criw o blant heibio ar hyd y stryd dan chwerthin.

—Mae'n dda bod pobl ifainc yn gallu chwerthin, meddai, dw i ddim yn gallu chwerthin yn aml bellach.

Ond dywedodd hyn heb affliw o hunandosturi. Yn nes ymlaen aeth hi i nôl tudalen o gerddoriaeth a dyma hi'n dechrau hymian y dôn a chanodd y geiriau—'Ti raid achub ti dy hun'. Wedyn aeth i gysgu mewn cadair.

Rydw i'n poeni ac yn teimlo'n euog nawr am nad es i i'w gweld hi'n aml wedyn. Roedd hi wedi symud mor bell i ffwrdd, fel petai, y tu hwnt i'm cyrraedd. Ond symudais innau, roeddwn i wedi magu diddordebau eraill. O fewn y flwyddyn bu farw Nia o gansar.

Mae'r cerdyn yn fy ngwahodd i'r briodas gyda fi o hyd.

---

urddas: *dignity*
ymwybodol: *aware*
agendor: *gulf*
ar fy nghyfyl: *near me* (cyfyl)

difaterwch: *indifference*
affliw o hunandosturi: *an ounce of self-pity*
euog: *guilty*
y tu hwnt i: *beyond*

Marged Pritchard
Adar Brith

Derbyn

Caeodd Lena Philips y drws a phwyso arno am eiliad i gael ei gwynt ati. Yna rhedodd drwy'r tŷ ac allan i'r ardd gefn. Anadlodd yn ddwfn. Roedd angen awyr iach arni ar ôl ymweliad y gweinidog.

Roedd yr awyr yn fendigedig o las—glas tyner y gwanwyn, heb y cwmwl lleiaf i ddarogan cawod Ebrill. Wrth deimlo'i hun yn dechrau ymlacio, edrychodd o'i chwmpas. Gwnâi, fe chwynnai hi dipyn er mwyn i wreiddiau'r ddwy goeden rosod gael anadlu ac fe âi hi ati i balu wedyn—doedd ganddi ddim byd gwell i . . .

'Gweld ych bod chi 'di ca'l pobol ddiarth, Mrs Philips—dyn diarth *iawn* ddeudwn i . . .'

Tynhaodd corff Lena Philips am yr eildro mewn hanner awr gwta, er na ellid dyfalu hynny wrth iddi droi'i phen at ei chymdoges a smaliai fod yn brysur yn rhoi cerpyn ar y lein.

'Dydi hi'n braf, Mrs Huws?'

Tynnodd hithau beg o'i cheg:

'Ddim dod i siarad am y tywydd 'nath y gwnidog debyg . . .' Hoeliodd ei llygaid ar Lena. 'Dim byd o'i le, gobeithio? . . . Lowri ddim wedi . . . wel, wyddoch chi fel mae genod yr oed yna . . . pobol yn deud 'i bod hi'n dipyn o gyfrifoldeb i ddynas fel chi . . . yn ddim ond nain yn lle mam yn trio'i magu hi . . .'

Camodd Lena at y gwrych.

'Ylwch, gwrandwch chi arna i! Chollais i'r un noson o gwsg o'i hachos hi! A ches i ddim gair o gŵyn amdani hi o'r ysgol chwaith! Mae gin i bob ffydd ynddi hi, 'dach chi'n clywed?'

---

cael ei gwynt ati: *to get her breath back*
anadlodd: *she breathed* (anadlu)
darogan: *to predict*
fe chwynnai: byddai hi'n chwynnu *(to weed)*
palu: *to dig*
pobl ddiarth: h.y. pobl ddieithr, *strangers, visitors*
tynhaodd corff L: *L's body tensed* (tynhau)
cwta: byr, *brief*

a smaliai fod yn brysur (G.C.): *who pretended to be busy* (smalio)
cerpyn: *a rag*
dydi: h.y. onid ydy
hoeliodd: *she fixed* (hoelio)
genod (G.C.): merched
gwrych (G.C.): clawdd, *hedge*
ylwch (G.C.): edrychwch

Rhyw snwffian i'w dwrn oedd unig ateb Casi Huws. Trodd Lena ar ei sawdl a gweiddi dros ei hysgwydd:

'Rhaid i mi roi tro arni hi . . . wela i chi!'

Diarhebai ati'i hun wrth fynd yn ôl i'r tŷ am dynnu Casi Huws yn ei phen. Fe fyddai'i geiriau hi'n fêl ar ei bysedd. Ar y gweinidog roedd y bai am ei thaflu hi oddi ar ei hechel—er nad dyna'i fwriad, y creadur! Estynnodd ei chôt a thynnu'r belt yn dynn am ei chanol. Roedd y gwynt yn ddigon main er bod yr awyr yn las. Tae waeth, wnâi tro ar yr allt fôr ddim drwg iddi. O leia, fe gâi ddianc rhag llais busnesgar Casi Huws!

Daliai i glywed ei llais yn ei hatgoffa o'i chyfrifoldeb tuag at Lowri. Wedi achub ei cham yr oedd hi wrth ei hateb mor dalog. Roedd ganddi ffydd yn Lowri ond eto, câi byliau o amau . . . roedd hi mor debyg . . . mor fywus, mor fyrbwyll, un funud yn fwrlwm o hwyl a'r nesaf, mor ddwys, mor deimladwy . . . yn debyg i'w mam ac eto'n wahanol, y ddwy yn bengoch ond Lowri'n dywyllach ei llygaid, yn feddalach . . .

Arafodd wrth faglu yn erbyn twmpath o foresg. Caeodd ei llygaid am eiliad. Doedd hi ddim am glywed eto y geiriau a glywsai hi ryw ddeunaw mlynedd cwta ynghynt:

'Fi pia 'mywyd, Mam! Waeth be ddeudwch chi, fi pia fo! Rhaid i mi . . . rhaid i mi . . . rhaid i mi!'

Nid oedd hi am glywed eto leisiau'r gwybodusion yn edliw chwaith:

'Trueni na fyddech chi wedi rhoi mwy o ffrwyn arni—mae pobol ifanc angen disgyblaeth, arweiniad . . .'

Na lleisiau cymdogion llawn malais fel Casi Huws yn taflu cerrig—'Dim byd arall i'w ddisgwyl, nag oedd? Wedi'i difetha o'r cychwyn cyntaf, yn fwy na llond llaw . . . pawb yn deud . . .'

---

rhaid i mi roi tro arni: rhaid i mi fynd
diarhebai ati'i hun: *she was amazed at herself* (diarhebu)
am dynnu C.H. yn ei phen: *for provoking C.H.*
yn fêl ar ei bysedd: *music to her ears*
taflu hi oddi ar ei hechel: *for upsetting her*
main: *sharp*
tae waeth: beth bynnag
gallt fôr (G.C.): *cliff*
achub ei cham: *to defend herself*
mor dalog: *so brusquely*
pyliau o amau: *moments of doubt*
bywus: bywiog, *lively*

byrbwyll: *rash*
bwrlwm: *bubble*
dwys: *intense*
maglu: *to trip*
twmpath: *a tump*
moresg: *bulrushes*
gwybodusion: *know-alls*
edliw: *to reproach, to taunt*
ffrwyn: *rein, bridle*
disgyblaeth: *discipline*
difetha: *to spoil, to destroy*
y cychwyn cyntaf: y dechrau
llond llaw: *handful*

Ond yr hen weinidog a'i brifodd hi fwyaf:

'Ddylech chi ddim fod wedi gadael iddi hi wrthod . . . mae "derbyn" yn llusern i bobol ifanc, yn arweiniad . . .'

Ymlaciodd rywfaint wrth glywed llais y gweinidog ifanc yn ei meddwl. Roedd fel petai o'n gofyn cymwynas ganddi hi, yn egluro wrthi'i fod o am gael cefnogaeth y bobl ifanc, fod ganddyn nhw gymaint i'w gynnig . . .

Ac roedd o'n iawn. Gwyddai hi fod gan Nia beth wmbreth i'w gynnig . . . ond nid wrth gael ei hwbio—fe wyddai hi hynny hefyd . . . Bu'n pendroni'n hir gan anghofio'r cyfan am yr amser. Yna'n sydyn, safodd yn stond wrth edrych at ei wats.

Y nefoedd fawr, fe fyddai'n rhaid iddi frysio! Ond ei siomi a gafodd. Roedd Lowri wedi cael y blaen arni. Gadawsai'r drws yn gilagored—ar ormod o frys i'w gau mae'n siŵr, fel arfer.

'Lowri!' gwaeddodd, gan gau'r drws ar ei hôl.

Dim ateb. Aeth i mewn i'r ystafell fyw heb dynnu'i chôt.

'Lowri! Chlywist ti mona i'n gweiddi?' meddai wedyn, pan welodd hi yn eistedd yno a'i thrwyn yn *Y Faner*. 'Mi alwodd y gwnidog . . . ti'n gwrando?'

Ond roedd Lowri mewn byd arall.

'Glywist ti be ddeudis i, Lowri?' gofynnodd Lena eto, ei llais yn codi'n bigog.

Cododd hithau'i phen fel pe bai ond newydd glywed ei llais:

'Sori, Nain! Gwrandwch ar hwn! Coblyn o jôc, wir i chi! Y ddynes Victoria Gillick 'ma'n meddwl 'i bod hi'n gw'bod pob cythril o ddim am fagu plant, jest am 'i bod hi 'di bod ddigon o ffŵl i ga'l deg ohonyn nhw . . . mi ddyla'r hulpen fod yn gw'bod gwell petha . . . does dim rhaid i . . .'

Cythrodd Lena'r *Faner* o'i dwylo a'i thaflu ar y bwrdd.

'Rwyt ti'n meddwl dy fod ti'n gw'bod y cwbwl, yn dwyt? Wel, gwranda di arna i am funud, 'mechan i! Y fi, Duw a'm helpo i, sy

---

llusern: *lantern, lamp*
cymwynas: ffafr
gwyddai: roedd hi'n gwybod
peth wmbreth: h.y. peth wmbredd, *an abundance*
hwbio: *to push*
pendroni: poeni, *to worry*
safodd yn stond: *she stood still* (sefyll)

cael y blaen: achub y blaen, *to forestall*
cilagored: *ajar*
yn bigog: *irritably*
coblyn o jôc (G.C.): *a cracker of a joke*
hulpen: twpsen
cythrodd L.: *L. snatched* (cythru)
'mechan i: *my girl*

wedi dy fagu di a siawns na fedri di sbario munud i wrando arna i.'

Gorffwysodd y ferch ei phen yn ôl ar y gadair, yn wên o glust i glust.

'Ffwrdd â chi 'ta, Nain bach!' heriodd. 'Sdim isio mynd i stêm, nag oes? Drychwch! Dwi'n glustia i gyd!'

Aeth y gwynt o hwyliau Lena.

'Wel, dim ond deud ro'n i fod y gwnidog wedi galw . . .'

Cododd Lowri'i haeliau.

'Y gwnidog! Rargol fawr! Be oedd *o* isio?'

Clywai'r llall ei hun yn baglu ar ei geiriau:

'Wel, isio dy weld ti 'sti . . .'

Pam yn y byd y gwnâi Lowri iddi deimlo'n hanner-pan a hithau ddim ond eisiau iddi gael ei chyfle? A dyma hi'n bloeddio chwerthin!

'Isio 'ngweld i? Am gythril o jôc! Isio 'ngweld i . . . i be, 'dwch? Ddim yn nabod i nag 'di?'

Mynnodd hithau ddal ati hi.

'Ac ar bwy mae'r bai am hynny? Chwara teg i'r cr'adur, isio i ti gael dy dderbyn mae o . . .'

Crychai Lowri'i haeliau a dal i'w herio.

'Fi? . . . Cael 'y nerbyn? . . . 'Nerbyn gan bwy, yn enw'r nefoedd?'

Ffrwydrodd ei nain.

'Yli, Lowri! Dwyt ti ddim yn trio dallt, nag wyt? Chwara teg i'r cr'adur am gofio amdanat ti . . .'

'Be 'dach chi'n feddwl?'

'Wel am gofio y dylet ti ga'l dy dderbyn . . . yn gyflawn aelod yn y capel felly! Dwyt ti ddim yn twllu'r lle wedi'r cwbwl, nag wyt?'

Syllodd Lowri i fyw ei llygaid.

---

heriodd: *she challenged* (herio)
hwyliau: *sails*
aeliau: *eyebrows*
rargol fawr!: h.y. yr argoel fawr!, *good heavens!*
baglu: *to stumble*
hanner pan (G.C.): twp
bloeddio chwerthin: *to scream with laughter*
'dwch: h.y. dywedwch

crychai L.: *L. wrinkled* (crychu)
ffrwydrodd ei nain: *her grandmother exploded* (ffrwydro)
cyflawn: *full*
twllu: h.y. tywyllu, *to darken*
syllodd L.: *L. stared* (syllu)
byw ei llygaid: *pupils of her eyes*

'Ddim yr unig un, nag 'dw?'

Bychan a wyddai Lowri mai methu maddau'r oedd hi, methu maddau'r hen ddiarddel hwnnw ychydig fisoedd cyn geni Lowri. Hithau'n gorfod gwrando a gweld pobl fawr y capel yn ysgymuno'i merch hi.

Ond y tro yma, doedd hi ddim am ildio ac fe gâi'r capel a'r ardal wneud iawn am ei phoen hi.

'Yli, gwranda Lowri. Mi fasa fo'n eitha peth, 'sti . . .'

'Be 'lly? I mi dwllu'r capel?'

'I ti gael dy dderbyn . . . i fod yn aelod a ballu.'

'I be 'dwch? Yn cyfri dim nag 'di . . .'

Eisteddodd Lena ar gadair ar ei chyfer a dechrau smwddio'i chluniau.

Gwingodd Lowri. Roedd hi'n nabod yr arwyddion.

'Wel, mi fyddi di isio priodi ryw ddiwrnod, yn byddi, a . . .'

'Fydda i?'

'Phrioda i mono fo, Mam! Rhaid i chi ddallt! Phrioda i mono fo i blesio neb! Pam fod rhaid i mi? . . .' Mor debyg y llais a glywai yn ei phen!

Chwiliodd am eiriau.

'A faswn i ddim yn licio dy weld ti'n . . .'

'Yn be, 'dwch?'

Gwyliai Lowri hi fel gwenci ond daliai'i nain i ganolbwyntio'i sylw ar ei chluniau.

'Wel . . . wyddost ti . . . yn gorfod priodi mewn offis a . . .'

'Sdim rhaid i neb briodi heddiw, nag oes? A phriododd Mam ddim, naddo?'

Gwylltiodd ei nain a neidio ar ei thraed, ei bochau'n fflamgoch.

'Paid ti â meiddio siarad fel'na hefo fi! Rwyt ti'n meddwl dy fod ti'n gw'bod y cwbwl ond dwyt ti ddim, 'mechan i! Babi yn dy glytia wyt ti!'

Cododd Lowri a chyffwrdd â'i hwyneb yn ysgafn.

---

bychan a wyddai L.: *little did L. know* (gwybod)

maddau: *to forgive*

diarddel: *expulsion*

ysgymuno: *to excommunicate*

a ballu (G.C.): h.y. a rhywbeth felly, *etc.*

cluniau: *thighs, legs*

gwingodd L.: *L. cringed* (gwingo)

gwenci: *weasel*

meiddio: beiddio, *to dare*

clytia: h.y. clytiau, *nappies*

'Nain bach! Tynnu'ch coes chi ro'n i! Sdim isio i chi ddechra pregethu am fod y gwnidog 'di digwydd galw!'

Gafaelodd hithau'n dynn yn ei llaw.

'Ond chwara teg i'r dyn, Lowri! Mae o o ddifri glas, 'sti! A Duw a ŵyr, dydi hi ddim yn fêl i gyd arno fo hefo pobol fel ni . . .'

Ymryddhaodd y ferch ac ailafael yn ei phapur:

'A sut bobol ydan ni, Nain? Pobol ddrwg ydach chi a fi? . . . Os felly, sut yn y byd ydach chi a Duw'n gymaint o fêts?'

Cwestiwn am gwestiwn, dyna ffordd ei nain, yn hytrach nag ateb.

'Be ti'n feddwl, dywed?'

'Dim ond ych bod chi'n haeru'ch bod yn gw'bod be sy yn 'i feddwl o ac ati, isio i mi glosio ato fo yn ych cysgod chi a rhyw gybôl felly!'

Waeth beth a ddywedai Lowri, teimlai Lena fod yn rhaid iddi ei chyrraedd, fod yn rhaid iddi gael dal ei gafael ynddi . . . allai hi ddim ail-fyw . . .

Estynnodd ei llaw i wasgu'i braich.

'Mi ei di, yn d'ei Lowri? Ddim ond hynny dwi'n ofyn i ti, ac mi 'nei di'n gnei?'

Ond cilio i'w chragen a wnaeth Lowri, gan daflu'i chardod dros ei hysgwydd:

'Mi wna i feddwl, reit? Isio meddwl, 'does? Rhaid meddwl cyn derbyn, yn rhaid Nain?'

Ond damnio'i nain yn ei meddwl a wnâi hi wrth syllu ar y dudalen yn ei llaw, ei damnio am fyw yn yr oes o'r blaen a cheisio'i llusgo hithau i'w chanlyn, ei damnio am godi hen grachod, am fynnu cofio mai nain oedd hi iddi ac nid mam er ei bod hi'n ddigon ifanc o ran oed, ei damnio am gofio gormod, am

---

gafaelodd: *she grasped,* (gafael)
o ddifri glas: *dead serious*
'sti (G.C.): h.y. wyddost ti, *you know* (gwybod)
dydy hi ddim yn fêl i gyd: *life isn't a bed of roses*
ymryddhaodd y ferch: *the girl freed herself,* (ymryddhau)
haeru: *to allege, to assert*
closio: *to get close to*
cysgod: *shadow*

cybôl (G.C.): *nonsense*
waeth beth: doedd dim ots
dal ei gafael: *to retain her hold*
mi 'nei di'n gnei? *you will won't you?* (gwneud)
cilio i'w chragen: *to retreat into her shell*
cardod: *charity*
llusgo: *to drag*
canlyn: *to follow*
hen grachod: *old wounds*
mynnu: *to insist*

godi bys at ei mam, am . . . wel, fe gâi hi dalu . . . fe gâi hithau wybod sut y bu hi rhwng y ddwy . . .

Gwyddai'i bod hi'n dal wrth y drws, yn dal i ddisgwyl iddi hi ildio i'w thawelwch hi, a heb godi'i llygaid, dechreuodd ddarllen yn uchel:

'Mae'r doctor yn deud 'mod i'n disgwyl babi.'

Nid gofyn 'Be?' fel y dylai yn ôl y papur ond fferru yn ei hunfan a wnaeth Lena Philips.

Darllenodd Lowri eto, ond yn uwch y tro yma:

'Mae'r doctor yn deud 'mod i'n disgwyl . . .'

Nid gofyn 'Pryd?' yn gwta, fel y fam yn y papur a wnaeth hi'r tro yma chwaith ond rhuthro i gipio'r dudalen o'i dwylo.

'Drycha arna i! Choelia i monot ti! Alla i ddim!'

Sobrodd y ferch drwyddi wrth weld ei nain yn crebachu'n wyneb hen, truenus a neidiodd i afael ynddi.

'Nain bach! Jôc oedd y cwbwl! Darllen *Y Faner* ro'n i! Drychwch!'

Llyncu'i phoer yn drafferthus oedd unig ateb ei nain wrth rythu arni hi'n hytrach nag ar y papur.

'Ylwch! Steddwch a darllenwch o! Dim ond isio gweld sut y basach chi'n derbyn y peth ro'n i . . .'

Edrychodd ei nain arni fel pe bai hi'n ysbryd.

'Derbyn ddeudaist ti? Fedrwn i byth! Ddim eto! Ti'n dallt?'

Hyrddiodd y geiriau ati ac yna, heb aros am ateb, dihangodd drwy'r drws ac i'r gegin.

Rhuthrodd Lowri allan yn ei chythraul, gan weiddi dros ei hysgwydd y byddai'n ei hôl erbyn swper.

Agorodd ei nain ei cheg i'w hatal ond, fel y brysiai i lenwi'r tecell, sylwodd ar y llestri yn y sinc—cwpan y gweinidog a gawsai de ganddi a chwpan arall—cwpan Lowri! Doedd hi ddim ar ei chythlwng felly. O leiaf, doedd dim rhaid iddi deimlo'n euog ynglŷn â hynny.

---

fferru: *to freeze*
choelia i monot ti!: chreda i mohonot ti!
  (coelio)
sobrodd: *sobered* (sobri)
crebachu: *to shrivel*
llyncu: *to swallow*
poer: *spittle*

yn drafferthus: *laboriously*
rhythu: *to stare*
dallt (G.C.): h.y. deall
hyrddiodd: taflodd (hyrddio)
yn ei chythraul: *in her temper*
ar ei chythlwng (G.C.): *starving*

Sodrodd y tecell yn ôl yn ei le heb ei lenwi ac aeth i sefyll wrth y ffenest ond heb weld dim. Agorodd hi ond heb deimlo chwa o wynt.

Nid hynny a'i poenai hi chwaith.

Allai hi yn ei byw anghofio'r hen eiriau brwnt 'na . . . ac wrth geisio'u gwthio o'r neilltu, deuai geiriau'r gweinidog yn ôl iddi. Sôn am roi dechrau da, am roi ar ben y ffordd, sôn am . . . Hy! bychan a wyddai o am y blas drwg yn ei cheg hi. Gorchwyl mor hawdd oedd iddo fo a'i debyg sôn am dderbyn heddiw . . . neb yn malio . . .

Caeodd y ffenest yn ffyrnig rhag cofio.

Nid anghofiodd Lowri chwaith. Cerddai hi a Siôn linc di lonc ar hyd y traeth, law yn llaw. Syllai hi'n syth yn ei blaen, yn union fel petai'n chwilio am rywun arall. Rhoddodd gic i garreg onglog.

'Be sy'n dy gnoi di?'

Cwestiwn am gwestiwn gafodd o.

'Ti 'di ca'l dy dderbyn?'

Edrychodd yntau'n hurt arni.

'Derbyn? Yn gw'bod, dwyt? Ddeudais i wrthat ti, yn do? Mynd ym mis Hydre, yn dydw?'

Rhyddhaodd hi ei llaw.

'Ddim i'r coleg siŵr! I'r capel . . .'

Bloeddio chwerthin wnaeth o cyn ateb:

'I fan'no? Am gwestiwn hurt! Byth yn mynd yno nag 'dw?'

Cipiodd hi i'w freichiau i roi taw ar y sgwrs ond pwysodd hithau'i phen yn ôl a gofyn:

'Pam 'lly?'

Dilynodd ei fys ffurf ei thrwyn ac yna'i gwefusau cyn ateb yn ddidaro:

'Gwastraff ar amser, yn dydi? . . . Gwastraff ar amser i siarad

---

sodrodd (G.C.): rhoiodd, (sodro)
chwa: *a puff*
o'r neilltu: *aside*
rhoi ar ben y ffordd: *to put on the right road*
gorchwyl: *task*
malio: *to care*
yn ffyrnig: *ferociously*

linc di lonc: *in a leisurely fashion*
onglog: *angular*
hurt: syn, twp
cipiodd: *he snatched, he pulled*, (cipio)
i roi taw ar: *to put an end to*
yn ddidaro: *nonchalantly*

am y peth, yn dydi?' Crwydrai'i law at ei bronnau. 'Gwell petha i neud, does?'

Gwasgodd hithau'i law i'w hatal.

'Ti ddim yn credu mewn dim 'lly, mewn affliw o ddim . . . nag wyt?'

Cusanodd hi er ei gwaethaf.

'Credu dy fod ti'n dipyn o hogan, yn derbyn yn bod ni'n siwtio'n gilydd yn blydi grêt ac yn credu 'mod i'n gw'bod yn iawn be dwi isio rŵan . . .'

Ond ei herio a wnaeth hi.

'Yli! Dwi isio siarad . . .'

'Siarad? . . . Siarad am be?'

'Am Nain! Poeni amdani . . . mae hi'n . . .'

Caeodd ei cheg yn dynn. Roedd Siôn wedi'i gollwng ac yn chwerthin yn afreolus. Y funud nesaf, roedd o wedi gafael yn ei dwylo a'i throi fel top. Yna stopiodd yr un mor sydyn. Chwifiodd ei freichiau.

'Yli, cyw! Sbïa o dy gwmpas! Sbïa ar y môr . . . yr awyr . . . y twyni! Ni pia nhw! 'N hamser ni ydi hi! Dy amser di a fi, a thitha isio i ni siarad am dy nain. Tasat ti isio siarad am dy fam, mi faswn i'n . . .'

Sobrodd drwyddo a chodi'i law at ei foch. Llosgai ar ôl y glusten a gafodd gan Lowri. Roedd hi bellach yn rhedeg fel milgi oddi wrtho.

Dechreuodd redeg ar ei hôl ac yna arafodd. Dysgu gwers iddi, dyna beth wnâi o . . . fe gâi hi redeg . . .

A rhedeg a wnaeth hi nes dod i olwg y tŷ. Arafodd. Roedd rhaid i'w nain ei derbyn hi, pwy oedd hi ac fel ag yr oedd hi. Hi oedd piau'r hawl arni hi'i hun. Hi a neb arall.

Agorodd y drws yn ofalus, heb weiddi'n ôl ei harfer. Aeth trwodd i'r gegin. Ond nid oedd ei nain yno. Ac nid oedd y llestri yn y sinc wedi'u golchi na'r swper wedi'i hulio ar y bwrdd. Safodd hithau yn ei hunfan, fel plentyn ar goll.

---

affliw o ddim: dim byd o gwbl
er ei gwaethaf: *despite herself*
gollwng: *to release*
yn afreolus: *uncontrollably*
sbïa (G.C.): edrych

twyni: bryniau tywod, *sand dunes*
clusten: *slap*
milgi: *greyhound*
hi oedd piau'r hawl: *she owned the right*
wedi'i hulio: *laid out*

Yn yr ardd roedd hi, siŵr o fod. Nid oedd ei thebyg am chwynnu, yn enwedig os oedd rhywbeth yn ei chorddi. Bywiogodd drwyddi ac agor drws y cefn. Agorodd ei cheg i weiddi ond ni welai neb, affliw o neb. Roedd yr ardd yn wag.

Trodd ar ei sawdl a rhuthro i fyny'r grisiau. Roedd drws ystafell wely'i nain ar gau . . . ni fyddai byth ar gau, nos na dydd!

Agorodd ef yn nerfus, ddistaw.

Eisteddai'i nain â'i chefn ati o flaen ei bwrdd gwisgo. Roedd y drôr o'i blaen ar agor a nifer o luniau ar ei glin.

'Nain! Be 'dach chi'n neud?'

Cynhyrfodd Lena Philips, ac wrth geisio gwthio'r lluniau yn eu holau i'r drôr, syrthiodd un ar y llawr.

'Chlywais i monat ti . . . do'n i ddim yn dy ddisg'wl di . . .'

Estynnodd ei llaw i atal Lowri rhag codi'r llun, ond roedd hi'n rhy hwyr.

'Llun Mam!'

Dweud yn hytrach na gofyn, dweud a chyhuddo! Dal i syllu hefyd.

'Dwi'n debyg iddi hi, yn dydw?'

Daliodd ei nain ei thafod.

'Roeddach chi g'wilydd ohoni hi'n doeddech?'

Smwddiai Lena Philips ei chlun wrth i'r geiriau lynu yn ei thaflod.

'Tria ddallt . . . pobol yn siarad, wst ti . . . yn siarad. Y lle 'ma'n fach. Y gwnidog wedyn . . .'

Cofiodd y ferch am sgwrs y prynhawn. Edrychodd ar y llun unwaith yn rhagor cyn ei roi ar y bwrdd gwisgo yn hytrach nag yn y drôr.

'Gafodd hi 'i derbyn, Nain?'

'Be ti'n feddwl?'

'Wel, gafodd Mam 'i derbyn?'

Edrych heibio hi a wnaeth hi wrth ateb:

'Doedd arni hi ddim isio—un fel'na oedd hi . . . yn malio dim am neb.'

---

corddi: *to agitate, to trouble*
bywiogodd: *she livened up* (bywiogi)
sawdl: *heel*
cynhyrfodd L.: *L. became agitated* (cynhyrfu)

cyhuddo: *to accuse*
glynu: *to stick*
taflod: *palate*

36

Braf arni! meddai Lowri wrthi'i hunan.

'A chitha?' gofynnodd yn uchel. 'Oeddech chi'n 'i derbyn hi fel ag yr oedd hi?'

Cyn ei hateb, sychodd Lena'i gwefusau sych â chefn ei llaw:

'Ches i ddim cyfle, naddo? 'Ngadael i ar y clwt wnaeth hi yntê? Mynd â'i phen yn y gwynt . . .'

'A be wnaethoch chi?'

'Wel, dy dderbyn di yntê? Be arall wnawn i?'

Edrychodd Lowri i ffwrdd rhag gweld yr ymbil yn ei llygaid a chlosiodd at y ffenest. Roedd y golau'n dechrau cilio. Trodd i edrych ar ei nain. Tosturiodd wrthi. Aeth ati a chyffwrdd â'i boch yn ysgafn â chefn ei bysedd.

'Dowch, Nain! Waeth i ni heb ag aros fan hyn yn y tywyllwch.'

---

ar y clwt: *stranded*

ymbil: *supplication, entreaty*

closiodd: *she went nearer to* (closio)

cilio: *to fade, to retreat*

tosturiodd: *she took pity* (tosturio)

waeth i ni heb ag aros: *there's no point in us staying*

Eigra Lewis Roberts
Cymer a Fynnot

Dyma Siân a Gareth

Dyma Siân. Dyma Gareth. Dyma Siân a Gareth. Maen nhw wedi
cyfarfod, ar ddamwain, yn y stryd fawr. Petai'r naill yn gwybod
fod y llall yn bwriadu dod i'r dref hon heddiw ni fyddai'r naill
na'r llall wedi dod yn agos i'r lle. Cyd-ddigwyddiad hollol ydi hyn,
wrth gwrs, er y byddai rhai'n credu fod i ffawd ran yn y
digwyddiad.

Petai Siân wedi oedi ychydig eiliadau'n hwy yn Marks neu
Gareth wedi penderfynu prynu'r llyfr hwnnw y bu'n ei lygadu yn
Smiths fe allen nhw fod wedi arbed hyn. Ond wnaethon nhw
ddim. A dyma lle maen nhw, wyneb yn wyneb, am y tro cyntaf
ers dwy flynedd. Go brin fod yr ychydig eiriau sy'n cael eu dweud
yn werth eu hailadrodd. Ond mae'n ddiddorol sylwi fel y mae'r
ddau'n pwysleisio mor dda y mae'r byd yn eu trin nhw. Ydi
Gareth wedi sylwi tybed fel y mae wyneb Siân wedi meinhau neu
Siân wedi sylwi mor brin erbyn hyn ydi'r gwallt ar gorun Gareth?
Mae'n anodd dweud. Edrych heibio i'w gilydd y maen nhw ond
cyn iddyn nhw wahanu mae'u llygaid yn cloi, dim ond am eiliad.
Ydi hynny'n ddigon tybed iddyn nhw allu gweld beth mae'r ddwy
flynedd wedi'i wneud i'r ddau ohonyn nhw?

Mae Gareth yn troi i'r chwith am y maes parcio lle mae Enid,
ei wraig newydd, a'i fab, sy'n fwy newydd fyth, yn ei aros. Wrth
iddo groesi am y car gall glywed y plentyn yn crio. Mae amryw o
rai eraill yn ei glywed hefyd ac yn edrych i gyfeiriad y car ac mae
un wraig ganol oed yn syllu'n gyhuddgar drwy'r ffenestr ar y
wraig ifanc ddel sy'n eistedd yn y sedd flaen ac yn anwybyddu'r
crio o'r cefn. Yn filain o gael ei rhoi ar sioe fel hyn mewn lle
cyhoeddus, mae Enid, sydd wedi gweld pob pum munud fel awr, yn

---

naill . . . llall: *one . . . other*
bwriadu: *to intend*
cyd-ddigwyddiad: *coincidence*
ffawd: *fate*
oedi: *to linger, to dawdle*
go brin: *scarcely, hardly*

meinhau: *mynd yn fwy tenau*
corun: *crown of the head*
yn gyhuddgar: *accusingly*
anwybyddu: *to ignore*
milain: *angry*

naturiol yn beio Gareth. Mae yntau'n ymddiheuro er iddo wneud yr ychydig negeseuau oedd ganddo ar drot ac er iddo wrthod cymryd ei demtio i wario arno'i hun yn Smiths.

Yn ei blaen yr â Siân. Nid oes neb na dim yn ei haros hi ond mae'n symud yn gyflym tuag at rywbeth. Neu oddi wrth rywbeth, efallai.

Ar y ffordd adref yn y car, er mwyn torri ar y tawelwch yn fwy na dim, mae Gareth yn gofyn i Enid ddyfalu pwy welodd o'n y dref. Codi'i hysgwyddau'n unig a wna hi. Pethau i blant yw gêmau dyfalu. Mae Gareth, sydd erbyn hyn yn difaru iddo sôn, yn derbyn hyn fel arwydd o ddiffyg diddordeb. Ond cyn iddyn nhw fynd ychydig lathenni caiff chwilfrydedd Enid y gorau arni ac mae'n gofyn, yn bigog, 'Wel? Pwy?' Mae Gareth yn petruso ac yn gwasgu'r llyw yn dynnach cyn dweud. 'Pa Siân?' meddai hithau. Yna, pan na ddaw ateb—'O, honno.'

Mae Siân, erbyn hyn, yn eistedd wrth fwrdd yn yfed coffi. Ac yn smocio, wrth gwrs. Fe roddodd ei chôt a'i bag ar y sedd gyferbyn, i bwrpas. Ond mae'r dafarn laeth yn llawn ac mewn llai na phum munud daw gwraig i eistedd yno a'i gorfodi i'w symud. Er nad ydi Siân wedi dangos mymryn o ddiddordeb yn y wraig, na hyd yn oed wedi cydnabod ei bodolaeth, mae honno'n mynnu'i sylw drwy sôn am ei chyrn a'i chefn, sy'n ei lladd. Yn ffodus, nid oes raid i Siân ddweud dim. Yna'n sydyn, mae'r wraig yn gofyn, 'Be 'dach chi'n 'i feddwl?' Mae'n amlwg fod ganddi ddiddordeb mewn gwybod. Mae'r un mor amlwg nad oes gan Siân y syniad lleiaf am beth y dylai fynegi barn. Ond fe allai o leiaf geisio cuddio'r ffaith ei bod yn cael y wraig a'i phroblemau mor anniddorol. Mae gan bawb ei deimladau.

Yn y car, ar y ffordd adref, mae gwraig newydd Gareth (felly y mae hi'n para i feddwl amdani ei hun) yn plethu bysedd gwynion ac yn syllu'n hunanfodlon ar y modrwyau sy'n addurno trydydd

---

ar drot: yn gyflym
yn ei blaen: *onwards*
difaru: *to regret*
llathenni: *yards*
chwilfrydedd: *curiosity*
yn bigog: *irritably*
petruso: *to hesitate*
llyw: *steering wheel*

mymryn: *a bit*
cydnabod: *to acknowledge*
bodolaeth: *existence*
mynnu: *to demand*
cyrn: *corns*
mynegi barn: *to express an opinion*
plethu: *to twist*

bys ei llaw chwith. Mae Gareth yn pwyso'n drwm ar y sbardun yn ei awydd i gyrraedd, neu i adael. Yng nghefn y car, yn ei got cario, mae'r babi'n cysgu'n braf. Petai wedi ildio i gwsg ynghynt fe ellid bod wedi osgoi hyn i gyd. Ond wnaeth o ddim.

Yn y dref, yn y dafarn laeth, wrth y bwrdd sy'n dal cwpanau gweigion a llestr llwch llawn mae wyneb y wraig a gwynai gynnau am ei chyrn a'i chefn yn dechrau goleuo. Tybio y mae hi, efallai, ei bod wedi taro ar un sy'n waeth allan na hi ei hun. Mae hi newydd sylwi ar Siân yn tynnu'i llaw dros ei thalcen a rhydd hynny gyfle iddi ddweud, yn nhôn un sy'n gwybod am beth mae hi'n sôn, 'Mi 'dach chitha'n cwyno efo'ch pen'. Yna, heb aros am ateb, mae'n plannu i'r bag mawr sydd ganddi ar ei glin ac yn estyn pacedeidiau o dabledi ohono. Ymysg yr amrywiaeth lliw a maint mae tabledi a fwriadwyd i leddfu'i phoenau o'i phen i'w thraed, y mwyafrif, meddai hi, yn hollol aneffeithiol. Ond nid oes ball ar ei chlod i'r tabledi meigren pinc a melyn. Mae'n gorfodi Siân i nôl paned arall o goffi. Ni all hithau, o ran cwrteisi, lai na phrynu dwy baned; gweithred wastraffus, fel mae'n digwydd, gan nad ydi coffi'n dygymod â stumog y wraig. Caiff Siân ei gorfodi ymhellach i lyncu dwy dabled efo'r coffi. 'Fyddwch chi ddim 'r un un ar ôl rheina,' meddai'r wraig.

Lai na milltir o'i gartref, yn y car sydd â'i dawelwch erbyn hyn yn ormesol, mae Gareth yn dechrau chwibanu drwy'i ddannedd, heb gofio fod yr arferiad hwn sydd ganddo yn mynd ar nerfau'i wraig. Iddi hi, sydd eisoes wedi ei tharfu, mae rhywbeth herfeiddiol yn y sŵn. Mae'n torri'r llw mudandod a wnaeth iddi ei hun i ddweud, 'Siarad efo hi fuost ti felly?' Mae yntau'n brysio i'w sicrhau na pharodd y sgwrs ond ychydig eiliadau ond mae i'r gwir, hyd yn oed i'w glustiau ef ei hun, sŵn celwydd. Yn ei awydd i'w amddiffyn ei hun mae'n ailadrodd y geiriau—peth annoeth

---

sbardun: *accelerator*
fe ellid bod wedi: *it would have been possible to*
  (*gallu*)
gweigion: *llu, gwag*
llestr llwch: *ashtray*
gynnau: *a little while ago*
gwaeth allan: *worse off*
rhydd hynny: *mae hynny'n rhoi*
plannu: *to delve*
lleddfu: *to ease*

pall: *diwedd*
clod: *praise*
gweithred: *action*
dygymod â: *to agree with*
gormesol: *oppresive*
tarfu: *to agitate, to disconcert*
herfeiddiol: *defiant*
llw mudandod: *vow of silence*
amddiffyn: *to defend*
annoeth: *unwise*

iawn i'w wneud, wrth gwrs. Petai ond wedi gallu mynd filltir arall heb chwibanu drwy'i ddannedd.

Nid oes osgo symud ar y wraig yn y dafarn laeth er bod ei chwpan yn wag a'r coffi, a brynodd Siân iddi o ran dyletswydd, wedi'i warafun iddi oherwydd cyflwr ei stumog. Aros y mae hi, efallai, i fod yn llygad-dyst o effaith ei thabledi ar y ferch sydd wedi llwyddo i beri iddi anghofio'i phoenau, dros dro. Ydi hi'n disgwyl gwyrth, tybed? Ydi hi'n credu y bydd i'r Sinderela hon efo'r cleisiau duon o dan ei llygaid godi'i thraed o'r lludw? Tybed na ddylai Siân, o ran cwrteisi, gymryd arni fod y tabledi'n dechrau cael effaith? Ond mae hi eisoes wedi gwneud cymwynas â'r wraig drwy beri iddi anghofio'r cefn a'r cyrn, oedd yn ei lladd hi. Onid ydi hynny'n ddigon am y tro? Na, dydi o ddim.

Mae Gareth ac Enid a'r babi, sy'n dal i gysgu, wedi cyrraedd eu cartref. Ac mae Gareth, oedd mor awyddus i gyrraedd, rŵan ei fod o yma, yn gyndyn o symud o'r car. Yn ymwybodol o'i gyfrifoldeb, fodd bynnag, mae'n rhoi allwedd y drws ffrynt i'w wraig, yn pwyso drosti i agor y drws, yn codi'r babi'n ofalus o'i got cario, ac yn ei estyn iddi. Mae'n amlwg mai dyma'r drefn arferol. Wedi gwneud yn siŵr fod ei wraig a'i blentyn yn ddiogel yn y tŷ â yntau i ddatgloi drws y modurdy. Ond cyn aildanio'r car mae'n eistedd eto, yn llonydd y tu ôl i'r llyw, ac yn syllu i gyfeiriad y tŷ. Mae hwnnw'n werth syllu arno; mor newydd â'r wraig sydd ar hyn o bryd yn paratoi potel i'w fab. Rhwng y muriau gwynion ceir pob cysur posibl. Pam, felly, y mae Gareth yn dewis eistedd allan yma, mewn car sy'n prysur oeri?

Yn y dafarn laeth, mae merch ifanc surbwch yr olwg yn clertian troli mawr o gwmpas ac yn ei lwytho â chwpanau a phlatiau gweigion. Pan wêl y gwpan lawn ar y bwrdd, hanner y ffordd rhwng Siân a'r wraig, mae'n mwmian fod y lle ar gau. Mae Siân yn gwthio'r gwpan tuag ati, heb edrych arni, ac yn tanio

---

osgo: *inclination*
gwarafun: *to forbid*
peri: *to cause*
gwyrth: *miracle*
cleisiau: *bruises*
lludw: *ashes*
cymryd ar: *to pretend*
cymwynas: *ffafr*

cyndyn: *reluctant*
ymwybodol: *aware*
aildanio: *to restart*
muriau gwynion: *white walls*
surbwch: *surly*
clertian: *to push idly*
llwytho: *to load*

sigarét arall. Mae'r ferch, oedd wedi gobeithio cael gwagio'r llestr llwch i'r bocs ar silff isa'r troli, yn rhythu arni, ond i ddim pwrpas. Gyferbyn â Siân mae'r wraig, sydd bellach wedi gorfod cyfaddef iddi ei hun, ac nid am y tro cyntaf, nad oes y fath beth â gwyrth yn bod, yn gwthio'i thraed i'w hesgidiau o dan y bwrdd. Druan ohoni. Ond oni ddylai'r ffaith iddi daro ar un sy'n amlwg yn waeth allan na hi ei hun gyflawni'r hyn a fethodd capiau cyrn Carnation? Mae'r ateb ar ei hwyneb hi.

Dyma Enid, gwraig newydd Gareth (nid mor newydd erbyn hyn, wrth gwrs, ond felly y mae hi'n hoffi meddwl amdani ei hun); dyma Enid yn tywallt dŵr berwedig o'r tecell i jŵg i'w gymysgu â phowdwr, i'w roi, wedi ei droi'n gydwybodol am o leiaf bum munud, ym mhotel ei mab, sydd hefyd yn fab i Gareth. Ond rywsut rywfodd mae'r tecell yn llithro a'r dŵr yn tywallt dros ei llaw. Mae pethau fel hyn yn digwydd, yn anffodus, ond nid i Enid, sydd bob amser mor ofalus. Mae hi'n gollwng sgrech o boen ond nid oes neb yma i'w chlywed ond babi nad ydi o'n hidio am ddim ond y gwacter yn ei fol. Yma, ar lawr ei chegin foethus a'r cochni hyll yn lledaenu dros ei llaw wen mae Enid, yn naturiol ddigon, yn beio Siân, cyn-wraig Gareth, ei gŵr.

Dyma'r wraig, sydd â'i chefn a'i chyrn yn ei lladd, yn cwmanu'n ôl am y maes parcio lle mae'i gŵr, mewn car sydd wedi'i selio oddi tano â thail, yn chwilio'r *Exchange and Mart* am fargeinion, er nad ydi o'n credu yn y fath bethau. Petai ond yn sylweddoli, hon, sydd ar hyn o bryd yn cael trafferth i godi'i thraed i'r palmant, ydi bargen fwyaf ei fywyd. Morwyn, howscipar, cywely, y dioddefydd mud sy'n gorfod dibynnu ar gydymdeimlad prin dieithriaid. Wrth iddi lusgo'r ychydig lathenni sy'n weddill mae'n ei holi ei hun, am y canfed tro, a ydi bywyd yn werth ei fyw, ac yn penderfynu nad ydi o. Ond faint gwell ydi hi o benderfynu hynny oherwydd mae ganddi ŵr a thri o feibion

---

rhythu: *to stare*
cyflawni: *to accomplish*
tywallt (G.C.): *to pour, to spill*
yn gydwybodol: *conscientiously*
rywsut rywfodd: *somehow*
gollwng sgrech: *to let out a scream*
hidio: *to heed*
moethus: *luxurious*

lledaenu: *to spread*
cwmanu (G.C.): *to stoop*
selio: *to seal*
tail: *manure*
cywely: *bedfellow*
dioddefydd mud: *silent sufferer*
dieithriaid: *strangers*
llusgo: *to drag*

ysgwyddog sy'n disgyn ar ei bwrdd fel adar rheibus. Byddai ei golchiad wythnosol, o'i glymu hosan wrth drôns wrth grys, yn ymestyn o'r dref hon hyd at ddrws fferm fynyddig ei gŵr. Bythefnos yn ôl, yn y dafarn laeth, cafodd glust barod i'w phoenau a chymorth nid bychan i wynebu pythefnos arall. Ond beth am y pythefnos sydd i ddod?

Dyma Gareth, gŵr Enid a chyn-ŵr Siân, yn eistedd yn ei gar, yn ei fodurdy. Gellid bwyta oddi ar lawr y modurdy hwn. Ond pwy, yn ei lawn synnwyr, a fyddai'n dewis bwyta oddi ar lawr? Pwy ond Siân a Gareth, yn ôl yn nyddiau cynnar eu priodas. Gareth, y myfyriwr tlawd, wedi'i ddiarddel oherwydd iddo ddryllio uchelgais ei rieni cyfoethog drwy wrthod eu cynnig i gael gwared â'i blentyn ar yr amod y byddai ef yn cael gwared â'r ferch a'i cariai. Siân, myfyrwraig fwyaf addawol ei blwyddyn, a aberthodd ei dyfodol euraid i briodi ei myfyriwr tlawd, nid er mwyn rhoi enw i'w phlentyn, ond am ei bod yn ei garu. Yno, yn yr ystafell fechan lle na fyddai dodrefn ond rhwystr, bu Gareth yn gwrando, â'i glust ar fol Siân, ar guriad calon y ferch fach a aned yn farw. Ond mae blynyddoedd lawer ers hynny ac mae amser yn iacháu, ydi o ddim? Ac onid oes gan Gareth bellach wraig newydd a mab a aned yn holliach?

Dyma Siân, yn eistedd yn y dafarn laeth a'r ferch surbwch yr olwg yn 'sgubo o dan y bwrdd, heibio i'w thraed. Mae arwydd Ar Gau ar y drws ac ni all neb ei agor o'r tu allan. Mae'r ferch, sydd wedi bod yn gweini ar eraill am wyth awr, yn ystyried galw'r goruchwyliwr. Wedi'r cyfan, dydi hi'n ddim ond morwyn gyflog ac nid oes arni lai nag ofn y ferch yma efo'r llygaid mawr tywyll sy'n gollwng llwch ei sigarét ar lawr er bod llestr wrth ei phenelin. Heno, caiff ddweud yr hanes wrth ei chariad a bydd yntau'n prysuro i'w chysuro yn yr unig ffordd y gŵyr ef amdani cyn iddi, unwaith eto, fygwth rhoi'r gorau i'w gwaith. Drwy drugaredd,

---

ysgwyddog: *broad-shouldered*
rheibus: *rapacious*
trôns (G.C.): *underwear*
diarddel: *to expel*
dryllio: *to shatter*
uchelgais: *ambition*
amod: *condition*
addawol: *promising*
a aberthodd: *who sacrificed* (aberthu)

euraid: *golden*
curiad: *beat*
'sgubo: h.y. ysgubo, *to brush*
gweini: *to serve*
goruchwyliwr: *supervisor*
bygwth: *to threaten*
rhoi'r gorau i: *to give up*
drwy drugaredd: *luckily*

daw'r goruchwyliwr drwodd o'i swyddfa sydd ym mhen pella'r dafarn laeth, cyn belled ag sy'n bosibl oddi wrth ei weithwyr a'i gwsmeriaid. Mae'r ferch yn amneidio i gyfeiriad Siân. Daw yntau ati. Nid yn aml y mae gofyn iddo ddelio â chwsmeriaid trafferthus. Wedi'r cyfan, nid tafarn mo hon. Er bod gwên, o fath, ar ei wyneb, mae'i lais yn swnio'n uchel a chras yn y gwacter. Mae Siân yn codi'n ufudd, fel un mewn trymgwsg, ac yn gadael iddo'i danfon at y drws, a'i throi allan.

Dyma Gareth yn eistedd yn ei gar heb wybod dim fod ei wraig a'i fab yn crio yn y gegin, y naill o boen a'r llall o eisiau bwyd, a'r ddau o hunandosturi. Gareth, y myfyriwr, a lwyddodd i grafu drwy'i arholiadau efo help Siân, ei wraig. Gareth, yr athro ifanc, yn gyson ymwybodol o'i ddyled i'r wraig honno a weithiai wyth awr y dydd mewn siop lysiau i ddychwel adref fin nos wedi ymlâdd a phridd tatws yn caledu o dan ei hewinedd. Gareth, a benderfynodd un diwrnod roi iddi ei rhyddid fel y câi, meddai, ailymafael yn ei chyfle euraid. Cyd-ddigwyddiad, wrth gwrs, oedd fod Enid â'i phen bach tlws, ond gwag, wrth law; yr Enid a lwyddodd, er nad oedd iddi yr un cymhwyster ar bapur, i roi iddo blentyn byw. Wrth gofio'r plentyn hwnnw a'i gyfrifoldeb tuag ato, mae Gareth yn gadael y car ac yn brysio am y tŷ. Gareth, y gŵr a'r tad newydd, sy'n wynebu min nos anghyfforddus, a dweud y lleiaf, oherwydd iddo oresgyn y demtasiwn o brynu llyfr iddo'i hun yn Smiths.

Dyma Siân, yn sefyll ar ris y dafarn laeth. Mae ganddi drên i'w ddal rywdro cyn nos a thŷ i fynd iddo wedi iddi gyrraedd pen ei siwrnai. Na, dydi hi ddim heb nod i gyrraedd ato. Ond dydi hi ddim ar frys i'w gyrraedd. Mae'n troi i'r dde ac yn cerdded, yn araf, ar hyd y palmant. Siân, y fyfyrwraig addawol efo'r llygaid tywyll, bywiog, a aberthodd y cyfle euraid na ddaw byth yn ôl. Siân, y fam â'r breichiau gweigion, sy'n para i ddeffro gefn nos i

---

amneidio: *to nod, to beckon*
cras: *harsh*
yn ufudd: *obediently*
trymgwsg: *coma*
hunandosturi: *self-pity*
crafu: *to scrape*
wedi ymlâdd: *worn out*

ewinedd: *fingernails*
ailymafael: *seize again*
cymhwyster: *qualification*
cyfrifoldeb: *responsibility*
goresgyn: *to conquer*
gris: *step*
nod: *aim*

glywed curiad calon y ferch fach yn ei chroth. Siân, nad ydi hi bellach yn wraig i neb, yn cerdded stryd nad oedd, ddwyawr yn ôl, ond megis unrhyw stryd arall. Petai ond wedi oedi beth yn hwy yn Marks ni fyddai'r prynhawn hwnnw, chwaith, ond megis unrhyw brynhawn arall.

Ond wnaethon nhw ddim. Ac oherwydd hynny fe ddaeth Siân a Gareth ynghyd am ychydig eiliadau wedi dwy flynedd o ddieithrwch i fod yn dyst, wrth i'w llygaid gloi, o feinder wyneb a phrinder gwallt ac i geisio argyhoeddi ei gilydd mor dda y mae'r byd yn eu trin nhw.

---

croth: *womb*
peth yn hwy: ychydig yn hirach
ynghyd: *together*
meinder: *thinness*
argyhoeddi: *to convince*

Pennar Davies
Storïau '74

Y Llwy Serch

Gwyddai nad oedd wedi llunio dim byd mor lân erioed o'r blaen. Yr oedd yn werth aros gartref yn unigedd Pen-rhiw-Garmon ar ddiwrnod y ffair er mwyn cael llonydd i orffen y gwaith; ac yn awr yr oedd wedi ei orffen, a'r llwy berffeithgwbl, os bu un erioed, yn gorwedd yn ddiogel yn y blwch a wnaethai i'w gwarchod, a'r blwch yntau ynghudd y tu ôl i'r llen a gadwai gynifer o'i drugareddau—a thrugareddau llai niferus a llai diddorol ei frawd Joshwa—o'r golwg yn y gornel honno o'u llofft. Yn y ffermdy hwnnw, lle nad oedd ond pedwar gwryw yn byw, ei dad, ei ewyrth, ei frawd ac yntau, yr oedd yn bur annhebygol y byddai neb ond efe a'i frawd byth yn tynnu'r llen honno. A gwyddai Joshwa am y llwy a neb arall ond ei hun.

O leiaf, nid oedd neb arall yn gwybod yn iawn; ond digon posib fod Ewa Caleb yn dechrau amau rhywbeth—yr hen lanc chwerw a'i dafod ffraeth a'i genfigen wrth yr ifainc yn ei dagu! Ond nid yn ei dagu'n ddigonol i atal ei leferydd. Yr oedd yn amlwg fod hwnnw'n amau'n fawr yr esgus a roesai Eben am beidio â mynd i'r ffair—fod rhyw gur pen cas yn ei flino a'i fod am orffwys. Byddai un cip ar Sibli Lewis yn ddigon i yrru'r cur pen ar ffo, awgrymasai Ewa Caleb nid heb wawd. Ac yntau'n ateb nad oedd Sibli wedi bwriadu mynd i'r ffair, dyma'r hen Galeb yn crechwen ac yn holi a oedd hi tybed yn mynd i dreulio'r prynhawn ym Mhen-rhiw-Garmon yn ceisio gwella ei ben tost iddo. Petasai Ewa Caleb yn gwybod am y llwy serch, buasai ei

---

llwy serch: *love-spoon*
llunio: *to form, to fashion*
blwch: *box*
gwarchod: *to guard*
ynghudd: *hidden*
cynifer: *so many*
trugareddau: *bric-à-brac, trinkets*
pur annhebygol: *very unlikely*
hen lanc: *bachelor*

ffraeth: *facetious*
cenfigen: *jealousy*
tagu: *to choke*
atal: stopio
lleferydd: llais, siarad
cur pen (G.C.): pen tost
ar ffo: *fleeing, in flight*
gwawd: *scorn, derision*
crechwen: *to laugh derisively*

46

gellwair yn ddeifiol. O ble yr oedd yr hen gnaf wedi cael ei ddawn watwarus, tybed? O'i brofiad yn ei ieuenctid fel morwr yn gweld y byd? Neu ynteu o'r holl lyfrau yr oedd yn rhaid ei fod wedi eu darllen cyn dychwelyd ryw ddeng mlynedd ynghynt i'w fro enedigol i fyw gyda'i frawd iau a'i neiaint?

Digon poenus fuasai dioddef cellwair llai gwenwynllyd Josh. Buasai hwnnw'n gwatwar ei lafur a'i ofal yn ddigon amharchus ers wythnosau ac yn chwerthin am ben y tair llwy serch anorffen, anfoddhaol, yr oedd eu gwneuthurwr wedi eu taflu o'r neilltu. 'Be sy'n bod arnyn nhw, Eben?' gwaeddasai fwy nag unwaith. 'O bob twpsyn dan haul ti ydi'r gwiriona. Pwy ydi dy Sibli di wedi'r cyfan? Dim ond merch sy'n gweini yn y Plas, merch Harri'r gof. Wfft iddi hi a'i thrwyn smwt.' Wrth gwrs, cellwair brawd oedd hyn i gyd—bron i gyd. Yr oedd y mymryn lleiaf o genfigen yn y geiriau hefyd. Nid oedd Josh wedi llwyddo i gael hyd i'r ferch iawn, nac yn wir i unrhyw ferch fodlon.

Yr oedd Eben yn teimlo'n falch o'r llwy garu esmwyth a chymesur y daliasai ei anadl mor aml wrth ei llunio. Nid un o'r llwyau cymhleth a goraddurnol mohoni y buasai llanciau Cwm Eurol yn eu llunio ers lawer dydd, ac eto nid y math o lwy y byddai neb am ei strywio mewn gwaith cegin. Colfen a dau aderyn yn hofran uwchben ei changhennau a'r dyddiad—dyna'r unig addurnwaith—ond y cyfan yn gelfydd ac yn gywir —a chafn y llwy yn rhyw suddo a chodi'n hael ac anturus o osgeiddig. Nid peth marwaidd mohoni o gwbl. Iddo ef yr oedd llam a llawenydd ynddi. Ond dyna—efe oedd ei gwneuthurwr. Ac i Sibli yr oedd wedi ei gwneuthur, ac yr oedd digon o haelioni ac antur ynddi hi.

---

cellwair: *jest*
deifiol: *scathing*
hen gnaf: *old rogue*
gwatwarus: *mocking*
neiaint: *nephews*
gwenwynllyd: *spiteful, jealous*
llafur: *labour*
amharchus: *disrespectful*
anfoddhaol: *unsatisfactory*
gwneuthurwr: *maker*
o'r neilltu: *aside*
gwiriona: h.y. mwyaf gwirion, mwyaf twp

gweini: *to serve*
smwt: *snub*
cymesur: *symmetrical*
goraddurnol: *overdecorated*
colfen (D.C.): coeden
addurnwaith: *decoration*
celfydd: *skilful*
cafn y llwy: *bowl of the spoon*
suddo: *to sink*
gosgeiddig: *graceful*
llam: *springiness, bounce*
haelioni: *generosity*

Cawsai Josh ac yntau chwarae gyda hi a'i brawd Ifan yn aml pan fuasent yn blant. Cofiai'r diwrnod y gwelsai hi'n sydyn nid yn blentyn ond yn ferch ifanc: coesau, cluniau, dwyfron, urddas, hudoliaeth, rhyw wyleidd-dra newydd. Gwyddai iddi weld ei syndod ac ymateb yn swil i'w chwerthiniad. Yn aml wedi hynny buasai'n llygadu Sibli Lewis ar draws Capel Cana yn lle gwrando ar hwyl bregethu beiriannol Morgan Pyrs y gweinidog. Cawsai ei ddenu weithiau gan ferched eraill, a'i gnawd yn ymsymud ym mhresenoldeb eu llunieidd-dra a'u direidi amrywiol. Y dyn anianol, debyg iawn: y dyn yr oedd fflamau uffern yn bod ar ei gyfer. Dyna felltith pechod: yr oedd cymaint ohono—yn gwarchae ar yr enaid bach yn feunyddiol—ac yn feunosol. Ond am Sibli y buasai'n meddwl amlaf, a throi a throsi rhwng chwant a chywilydd ac arswyd a hiraeth a thynerwch. Nid oedd erioed wedi teimlo fel hyn am Fali Llywelyn Waun Fawr neu Ann Mynachty neu ei chwaer fach Fici. Ac wedyn dyna'r pregethwr ieuanc Jona Andrews yn ymweld â Chana ac yn pregethu o'r Datguddiad am y nef a'r cystudd mawr a'r dillad gwynion a'r Oen a laddwyd a'r pedwar anifail a'r pedwar henuriad ar hugain; ac er na ddywedasai ddim byd neilltuol o berthynol i gyflwr Eben cawsai ef fel nifer o'r addolwyr eraill eu bendithio hyd at ddagrau—ac wedyn goddiweddyd Sibli cyn i'w ffyrdd ymwahanu a gweld olion llefain ar ei hwyneb hithau a'i thywys hi i gysgod twr o fedw ger llaw a chusanu ei llygaid a'i chofleidio'n dynn—mor naturiol ac mor hyfryd fuasai'r cyfan.

Erbyn hyn yr oedd y berthynas rhyngddynt mor ddinam â'r gamp ar y llwy serch. Cododd Eben o'i gadair a thynnu'r blwch

---

urddas: *dignity*
hudoliaeth: *charm, enchantment*
gwyleidd-dra: *modesty*
peiriannol: *mechanical*
llunieidd-dra: *shapeliness*
direidi: *mischievousness*
anianol: *naturiol*
melltith: *curse*
pechod: *sin*
gwarchae: *to besiege*
chwant: *desire, lust*
arswyd: ofn
Datguddiad: *Book of Revelation*

cystudd: *affliction, tribulation*
henuriad: *elder*
neilltuol: arbennig
addolwyr: *worshippers*
bendithio: *to bless*
goddiweddyd: pasio
olion: *traces*
tywys: *to lead*
twr o fedw: *a clump of birch trees*
cofleidio: *to embrace*
dinam: *faultless*
camp: *achievement*

o'i guddfan a'i agor. Cododd y llwy o'i lle ac ymhyfrydu yng nghrynder ei chafn ac esmwythdra'r crymder o'r tu ôl. O flaen golygon ei ddychymyg dawnsiai Sibli'n noethlymun fel pilipala yn heulwen haf, ac yn sydyn dyma hi yn ei freichiau mor esmwyth lân â'r llwy ei hun. Clywai ei sibrydiad taer pan gyfarfuasent ddiwethaf. 'Wrth gwrs mod i'n dy garu di. Dw i eisiau neb arall.'

Dyma sŵn y merlod a'r gambo: Tada, Josh ac Ewa Caleb yn dychwelyd o'r ffair. Ar wahân i ambell oedfa bregethu, y ffair oedd yr unig gyffro yn eu bywyd. Nid aethai ei dad erioed ymhellach na rhyw bum milltir i bob cyfeiriad, ac ymddangosai'n fodlon ar hyn. Nid oedd Eben yn hollol fodlon. Clywsai am fab y Plas yn teithio i'r Eidal un tro. Pam na châi Eben Edwards wneud hynny, a'i wneud nid fel rhecsyn o forwr dirmygedig megis y gwnaethai Ewa Caleb ond fel dyn ifanc a oedd yn gallu fforddio ei ddiwyllio ei hunan? A oedd yn gwbl sicr y tu hwnt i'r mymryn lleiaf o amheuaeth mai Duw a drefnasai'r holl annhegwch dosbarth a oedd yn y byd? Brawychasai Sibli trwy ofyn y cwestiwn hwnnw ryw ddeufis ynghynt. Ond dyna un dirion oedd Sibli. Gan fod pobl y Plas yn garedicach na'r rhelyw, bodlon oedd iddynt gadw eu breintiau. Dyma'r unig gysgod o anghytundeb a fuasai rhyngddynt. Rhoes Eben y llwy yn dyner yn ei blwch a chusanu'r blwch wrth ei guddio y tu ôl i'r llen.

Yr oedd sŵn traed a gweiddi a gweryru a chwerthin o gyfeiriad y buarth; ac yn gynt na'r disgwyl yr oedd Josh yn esgyn y grisiau i'r llofft—ac yn gyflymach na'r disgwyl. Yr oedd ganddo rywbeth i'w ddweud.

Ymffrwydrodd i mewn, gan chwerthin yn eiddgar.

'Mae gen i gariad, Eben!' meddai, 'a'i chusanau fel gwin ysgaw. Dyma'r ffair orau rwy wedi'i chael erioed.'

---

cuddfan: *hiding-place*
crynder: *roundness*
crymder: *curve*
noethlymun: *naked*
taer: *earnest*
merlod: *ponies*
gambo (D.C.): cart
oedfa: cyfarfod, gwasanaeth
dirmygedig: *despised*
diwyllio: *to cultivate*

brawychasai S.: yr oedd e wedi brawychu S.
  (to frighten)
tirion: *gentle*
rhelyw: gweddill, *rest*
breintiau: *privileges*
gweryru: *to neigh*
esgyn: mynd i fyny
ymffrwydrodd i mewn: *he burst in*
  (ymffrwydro)
yn eiddgar: *enthusiastically*
ysgaw: *elder trees*

Dechreuodd Eben chwerthin. Yr oedd Josh wedi llwyddo o'r diwedd.

'Pwy ydi hi?'

'Bu'n tynnu dŵr o dy ddannedd di unwaith. Fici Huw, Mynachty.'

'Hyfryd. Un iawn ydi Fici. Ei chanlyn hi o hirbell iawn wnes i—am wythnos. Dwed dy stori. Ymhle buost ti gyda hi?'

'Es â hi am dro bach at Felin y Ffaldau ac wedyn yn ôl i'r ffair.'

'Beth am ei theulu hi? Lle roedden nhw?'

'Roedd Ann gyda hi ar y dechrau a Marged yr Hafod. Mi aeth Ann a Marged i rywle, a Fici wedyn yn rhyw oedi yn f'ymyl i. Fe redodd hi i ffwrdd ar y cynta, wedi imi ofyn iddi ddod am dro bach, ond roedd hi'n fodlon iawn cael ei dala a mynd at y Felin 'da fi. Un gynnes ydi hi. Mi fydd yn wraig fach gymen imi.'

Chwarddodd Eben.

'Mae dipyn yn gynnar i drefnu priodas.'

'Ddim mor gynnar â hynny. Un cyflym ydw i—wedi cael cychwyn. Ac mae Fici'n gyflymach!'

'Ond dydi peth fel hyn ddim yn dibynnu arnat ti a Fici'n unig. Bydd yn rhaid plesio Huw Huw a Leisa cyn cael eu bendith ar briodas eu cyw melyn ola. Roedd yn hawdd gyda Harri'r gof. Wnaeth e ddim byd ond codi ei ysgwyddau pan ofynnais i am ei fendith ar Sibli a finnau.'

'Ei busnes hi yw e,' meddai fe. 'Dydi pawb ddim mor hawdd â hynny. Fasai ei wraig ddim mor hawdd tasai'n fyw. Ac felly—'

'Roedd Sibli yn y ffair, gyda llaw.'

'Oedd hi?' ebychai Eben yn syn.

'Ella mai dim ond taro i mewn wnaeth hi. Mi'i gwelais hi'n cael sgwrs gydag Ewa Caleb.'

'Ewa Caleb? Doedd neb gyda hi?'

'Welais i neb arall.'

Troes gwg y dryswch ar wyneb Eben yn wên wrth iddo droi'r sgwrs at orchest ei ddiwrnod.

'Rwy wedi gorffen y llwy.'

'Yn iawn?'

---

canlyn: *to court, to pursue*
oedi: *to linger, to dawdle*
cymen: *becoming, neat*
ebychai E.: *E. exclaimed* (ebychu)

gwg: *frown*
dryswch: *confusion, perplexity*
gorchest: *feat, exploit*

'Mi wneith y tro—o'r diwedd.'

'Mae'n rhaid ei bod yn berffaith, 'te. Ga'i gweld hi?'

Tynnodd Eben y blwch o'i guddfan a'i agor. Cododd y llwy serch a'i throi'n araf o flaen llygaid Josh. Anghofiodd hwnnw gellwair.

'Ddim yn ffôl o gwbwl,' meddai, gan godi cywair ei lais mewn brwdfrydedd a ragorai ar gymedroldeb y geiriau. Cydiodd yn y llwy a dechrau dawnsio'n ddigrif yn yr ychydig le a oedd i'w gael yn y stafell gyfyng at y fath symudiadau.

'Rho hi'n ôl imi, y ffŵl gwirion,' meddai Eben mor rymus ag y gallai heb weiddi.

'Gwell i mi gael hon i'w rhoi i Fici,' plagiai Josh. 'Fe gei di wneud un arall i Sibli.'

'Rho hi'n ôl ar unwaith. Byddi di'n ei strywio hi.'

'Mae'n rhy dda i Sibli. Fici geith hon—gen i.'

'Fy ngwaith i yw hon, y mwlsyn. Ac mae'n berffaith ac mae'n hardd—'

Daliai Josh i ddawnsio, gan godi'r llwy allan o gyrraedd dwylo Eben, a'r truan hwnnw'n gweld ei gampwaith mewn perygl enbyd, ac yn ymdrechu i'w achub rhag ffwlbri ei frawd. Yn y sgarmes ni chlywsant draed ar y grisiau. Ond dyma lais main Ewa Caleb i'w sobri.

'Mae'n rhaid fod dy gur pen wedi mynd erbyn hyn, Eben bach,' meddai.

Gwelodd Josh yn gadael i Eben gymryd ei lwy werthfawr yn ôl.

'Be 'di hwnna?' gofynnai. 'O rwy'n gweld. Llwy garu, llwy serch. Ga i'i gweld hi? Eben bach, rho hi imi. Wna i ddim niwed iddi hi. Mm, mae'n beth prydferth.'

Wrth edrych ar Ewa Caleb yn dal y llwy ym mhelydrau'r machlud a lifeiriai bellach trwy'r ffenest fechan ni allai Eben fod yn siŵr a oedd y ganmoliaeth yn watwarus neu beidio. Ond na: yr oedd gwir edmygedd yn ei hen lygaid pefriol.

---

cywair: *tone*
brwdfrydedd: *enthusiasm*
a ragorai ar: *which exceeded* (rhagori ar)
cymedroldeb: *moderation*
cyfyng: *confined, narrow*
grymus: *strong, powerful*
campwaith: *achievement*
enbyd: *awful*
ffwlbri: *tomfoolery*

sgarmes: h. y. ysgarmes, *skirmish*
main: *shrill*
pelydrau: *rays*
machlud: *sunset*
a lifeiriai: a oedd yn llifeirio *(to stream)*
canmoliaeth: *praise*
edmygedd: *admiration*
pefriol: *sparkling*

'Mae'n hyfryd,' meddai Caleb yn wichlyd. 'Esmwyth, siapus, bur. Dy waith di, Eben, wrth gwrs. Anrheg dy serch i Sibli.'

Yn sydyn dechreuodd yr hen lanc chwerthin, a'r sŵn fel cân colomen hanner-pan.

'Mae caru gyda Sibli Lewis ar ben,' meddai o'r diwedd. 'Mi fynnodd Sibli gael sgwrs fach gyda mi yn y ffair. Mae hi'n mynd i briodi â rhywun arall cyn pen mis. Mi wedodd ei bod yn hoff iawn ohonot ti fel cyfaill, fel ffrind, ond wrth gwrs bydd pethau'n wahanol wedi iddi briodi—'

'Ond dydi hyn ddim yn wir, yr hen—'

Eisteddodd Eben ar ei wely, gan lyncu ei boer.

'Dyna wedodd hi, Eben bach. Roedd yn well ganddi hi roi'r neges iti fel hyn. Gwell peidio â chwrdd i drafod mater fel hwn, meddai hi.'

'Dydi'r peth ddim yn wir. Roedd popeth yn hyfryd rhyngom ni. Alla i ddim credu. Rhyw gellwair hyll sydd gennych chi, Ewa Caleb.'

'Mae hi'n dymuno'n dda iti.'

'Ydi hyn yn wir, Ewa Caleb?' gofynnai Josh, gan rythu'n hurt o'r naill i'r llall.

'Mae'n wir. Mae'n hyll ond mae'n wir.'

'Pwy mae'n mynd i briodi ag e, te?'

'Wel, mi fyddai'n ddiddorol petai hi'n mynd i briodi â mab y Plas, oni fyddai? Ond nid felly mae hi. Beth am Jona Andrews y pregethwr? Garet ti feddwl ei bod hi am briodi â hwnnw? Na, does dim mor bert â hynny'n mynd i ddigwydd chwaith. Beth amdana i, dy hen ewyrth Caleb? Garet ti alw "Bopa Sibli" arni hi? Dyna un ffordd o'i chael hi i mewn i'r teulu. Ond na, does dim byd rhamantus felna wedi digwydd.'

Yr oedd Eben ar fin dagrau.

'Ewa Caleb—' meddai mewn cymysgedd o ymbil a ffieidd-dod.

'Ond rwyt ti am wybod pwy, on'd wyt ti?' meddai Caleb.

'A finnau hefyd,' gwaeddai Josh.

---

yn wichlyd: *squeakily, wheezily*
colomen: *pigeon*
hanner-pan (G.C.): twp
ar ben: *finished*
mi fynnodd S.: *S.insisted* (mynnu)
poer: *spittle*

rhythu: *to stare*
yn hurt: yn syn, yn dwp
ar fin: *on the edge of*
ymbil: *entreaty, supplication*
ffieidd-dod: *loathing*

'Gwell iti gael dy lwy serch berffaith yn ôl yn gynta. Gelli di ei chadw hi tan y tro nesa. Mae hi'n mynd i briodi Sioni Meredith.'

Taflodd Ewa Caleb y llwy'n ysgafn ddeheuig, ac Eben yn ei dala'n well na'r disgwyl.

'Go dda,' meddai Caleb. 'Does gennyt ti ddim byd yn erbyn Sioni Meredith?'

'Dydi'r peth ddim yn wir,' meddai Eben yn wan.

Yr oedd ei dad newydd gyrraedd y llofft. Daeth ato a chyffwrdd â'i wyneb.

'Mae'n wir, machgen i,' meddai. 'Mi glywais y stori fy hun gan Huw Huw, Mynachty. Pobol fawr y Plas sydd wedi trefnu'r peth, gwlei. Maen nhw'n leicio Sibli, ac mae Sioni Meredith yn un o'r gweision mwya addawol sy gyda nhw. Ac roedd Harri'r gof, wrth gwrs, yn fwy na bodlon. Paid â becso. Mae pethau fel hyn yn digwydd, on'd ydyn nhw, Caleb?'

'Maen nhw wedi digwydd o'r blaen, siŵr. Ond oes gennyt ti rywbeth yn erbyn Sioni Meredith?'

'Mae pawb yn ei hoffi,' meddai Josh, 'y merched i gyd a hyd yn oed y dynion yn y Plas.'

'Ond tybed a oes gan Eben rywbeth yn ei erbyn e?'

'Dim ond ei fod e,' addefai Eben. 'Be wna i â'r llwy?'

'Dyna'r llwy orau welais i rioed,' meddai ei dad.

'Fe garwn i ei chael hi,' ymwthiodd Josh i mewn. 'I'w rhoi i Fici Huw, Mynachty.'

Ysgydwodd Tada ei ben.

'Nid ti a'i gwnaeth hi.'

'Ond does neb i wybod hynny. Bydd hynny'n gyfrinach rhyngom ni.'

'Pam mae cariad a chelwydd mor agos i'w gilydd?' gwichiai'r llais main.

'Beth sy'n bod arnat ti heno, Ewa Caleb?' heriai Josh.

Cariad a chelwydd: ystyriai Eben y geiriau. Craffai ar y llwy serch fel petai'n chwilio am ateb i'r broblem ynddi. Yr oedd ei

---

deheuig: *dexterous*
gwlei (D.C.): *I guess*
gweision: *servants*
addawol: *promising*
dim ond ei fod e: *only his existence*
addefai E.: *E. admitted* (addef)

ysgydwodd T. ei ben: *T. shook his head* (ysgwyd)
cyfrinach: *secret*
heriai J.: *J. challenged* (herio)
craffai: *he looked intently* (craffu)

siom megis yn chwalu ei du-mewn. Ond yr oedd boddhad mawr iddo o hyd yn harddwch y llwy. Nid oedd dim celwydd ynddi hi.

'Fe garwn i gael y llwy os nad wyt ti am ei chadw hi,' cynigiai Ewa Caleb. 'Galla i edrych arni hi weithiau gyda'r nos a chofio ambell dro trwstan. Hen beth ydi caru'n ofer.'

'Dyma hi ichi, Ewa Caleb,' rhybuddiai Eben, gan godi ei lais ychydig. A thaflodd y llwy yn eithaf celfydd i gyfeiriad yr hen ŵr. Daliodd hwnnw hi'n ddi-feth a chanu'n grynedig, gan godi llaw i gyfeiriad y ffenestr,

'Tyrd, fy Anwylyd, mae'n hwyrhau,
A'm 'haul bron mynd i lawr.'

---

chwalu: *to destroy*
boddhad: *satisfaction*
trwstan: *untoward*
yn ofer: *in vain*

yn ddi-feth: *perfectly*
yn grynedig: *shakily*
tyrd (G.C.): dere (dod)
hwyrhau: mynd yn hwyr

Jane Edwards
Tyfu

Traethawd

Bore heddiw dyna Miss Huws yr athrawes yn deud wrthon ni am sgwennu traethawd am ein rhieni. 'Be dach chi'n ei feddwl Miss Huws?' medda John Lliniog Bach a'i lygaid o'n serennu yn ei ben o. 'Yr hyn ddeudais i, John,' medda Miss Huws gan bletio'i gwefusau, 'sgrifennwch draethawd am eich rhieni—eich tad a'ch mam.' 'Fedra i ddim, does gen i ddim tad,' medda Lisi'r Fron. 'Wel sgrifennwch am eich mam 'nte,' medda Miss, gan ychwanegu, 'neu'ch taid a'ch nain.' 'Gaiff pawb sgrifennu am ei daid a'i nain?' medda Dafydd Rhys er mwyn tynnu Miss Huws yn groes. 'Dim ond y rhai sy heb dad neu fam,' ebe hi a thynnu ei llaw dros ei thalcen fel petai hi'n chwalu chwys. 'Mi fasa'n well gen i sgwennu am nain a taid,' ebe Olwen Jôs, 'maen nhw'n byw ar ffarm ac maen nhw'n gneud lot o betha diddorol fel godro a hel wya . . .' 'Dyna ddigon,' medda Miss Huws, neu chaen ni byth ddiwedd ar odro a hel wya a chario gwair a lot o hen sothach felly. 'Dyna ddigon,' medda hi a tharo'i desg efo pren mesur.

Aeth pawb yn dawel, mor dawel â'r capal wedi i'r pregethwr gyhoeddi ei destun ac i bobol orffen carthu'u gyddfa. 'Sgrifennwch,' medda Miss Huws a rhoi hergwd arall i'r ddesg efo'r pren mesur. Mi ddechreuodd rhai ar eu hunion, mi fedrech chi glywed sŵn eu pinna dur nhw'n gwichian dros y tudalenna. Edrychais ar y ddalen lân o mlaen a meddwl cymaint haws fyddai tynnu llun. Ond am ryw reswm mae'n well gan Miss Huws ddarllen traethoda a thynnu pensal goch drwy walla na sbïo ar lunia.

---

serennu: *to shine*
gan bletio'i gwefusau: *pursing her lips*
gan ychwanegu: *adding*
tynnu . . . yn groes: *to annoy*
chwalu: *to disperse*
chwys: *sweat*
godro: *to milk*
hel (G.C.): casglu
sothach (G.C.): *rubbish*

cyhoeddi: *to announce*
carthu: *to clear*
gyddfa: h.y. gyddfau, *throats*
hergwd (G.C.): *a blow*
ar eu hunion: *straight away*
pinna dur: h.y. pinnau dur, *fountain pens*
gwichian: *to squeak*
walla: h.y. gwallau, *mistakes*
sbïo (G.C.): edrych

'Pam nad ydach chi'n sgwennu?' ebe hi a'i llais fel taran nes peri i mi neidio yn fy sêt. Ond rhyfeddod y byd, pan godais i mhen, nid arna i roedd hi'n sbïo ond ar John Lliniog Bach. 'Fedra i ddim,' medda fo'n ddagreuol. Mae ei lygaid o bob amser yn fy atgoffa i o farblis ac o wartheg sy'n codi eu penna i rythu dros wrycha. 'Fedrwch chi ddim! Be dach chi'n ei feddwl efo'ch "Fedra i ddim"?'

Roedd pobman fel bedd, neb yn sgwennu na dim. 'Wn i ddim be i ddeud,' medda John. 'Deudwch lle maen nhw'n byw, faint ydi'u hoed nhw, pam rydach chi'n eu hoffi nhw ac yn y blaen. Siawns na fedrwch *chi* hyd yn oed neud hynny.'

Wedi cael rhyw hwb bach felly mi es i ati i sgwennu'r traethawd.

Y mae fy rhieni yn byw yn Ty'n Gamfa. Yn Stryd Capal mae'n tŷ ni. Mae nain yn byw drws nesa. Enw tŷ nain yw Preswylfa. Tai cerrig ydi'n tŷ ni a thŷ nain. Y mae tŷ nain ychydig yn fwy na'n tŷ ni . . .

Llai o hynna medda fi wrtha fi fy hun neu mi fydd Miss Huws yn siŵr o feddwl mai sgwennu am dai rydw i. Dydi hi ddim yn lecio i chi grwydro oddi ar y testun.

Y mae fy mam yn dri deg pedwar a dad yn dri deg pump. Doedd hi ddim yn amser rhyfel ond roedd hi'n amser caled iawn pan gafodd mam ei geni, meddai nain. Roedd ganddi bedwar o rai eraill i'w magu, a pheth wmbreth o fatia moresg i'w plethu er mwyn talu'r dreth. Ac i goroni'r cwbwl mi aeth nain yn hesb. Ond dyna Wilias Garreg Wen yn deud wrthi hi am beidio poeni, fod ganddo fo ffreisian ar y ffarm ac y câi mam ei llaeth bob dydd. A wir, mi ffynnodd mam na fu rioed ffasiwn beth ar laeth y ffreisian ac mi roedd pawb yn deud babi mor nobl oedd hi.

Pan ddaw Miss Huws heibio mae hi'n siŵr o ddeud: 'Sgrifennwch yn dwt a thaclus rhwng y llinella. Ceisiwch roi trefn ar eich meddylia. Sawl gwaith sy rhaid i mi ddeud wrthach chi? We . . . e . . . el?'

<table>
<tr><td>yn ddagreuol: tearfully</td><td>plethu: to plait</td></tr>
<tr><td>rhythu: to stare</td><td>treth: tax</td></tr>
<tr><td>gwrycha (G.C.): h.y. gwrychau, hedges</td><td>hesb: sych, not yielding milk</td></tr>
<tr><td>hwb: boost</td><td>mi ffynnodd mam: mam thrived (ffynnu)</td></tr>
<tr><td>peth wmbreth o: h.y. peth wmbredd o, an abundance of</td><td>ffasiwn beth: such a thing</td></tr>
<tr><td></td><td>nobl: fine</td></tr>
<tr><td>matia moresg: h.y. matiau moresg, rush mats</td><td>yn dwt: neatly</td></tr>
</table>

Dw i'n hoffi fy rhieni am eu bod nhw'n dda wrtha i. Maen nhw'n prynu dillad newydd i mi a Gwen ar gyfer Y Gylchwyl a Dydd Diolchgarwch. A bob nos Sadwrn mae mam yn berwi dŵr yn y cwt golchi er mwyn i ni gael bath yn y twb o flaen tân. Pan fydda i wedi syrthio mae mam yn golchi'r gwaed ac yna'n rhoi ffrae i mi am gnadu . . .

Pobl od felna ydi rhieni, yn rhoi efo un llaw ac yn tynnu efo'r llall. Maen nhw mor anwadal â cheiliogod gwynt. Mi ddeudan nhw '*Cei*' pan fyddan nhw'n meddwl '*Na chei*' ac mi rôn nhw beth da i'ch cadw chi'n ddistaw yn y capal a phinsiad i chi am neud sŵn yn ei gnoi o. Mi ddeudith mam ei bod hi'n mynd at y doctor neu i'r *Women's Institute* pan fydd hi'n mynd i hel tai a jolihoitio. Un diwrnod mi roddodd hi chwip din i mi am lyncu mul. Mi ddeudais i wrth Gwen mod i am redeg i ffwrdd, wir. A dyna hi'n mynd ar ei hunion i ddeud wrth mam. Dyna mam yn rhedeg ar fy ôl i, a rhoi chwip din iawn i mi yn yr entri a fy hel i i ngwely nes dôi dad adra o'r gwaith.

Pan fydda i'n methu cysgu'r nos mae mam yn deud y drefn, a phan fydd hi'n bwrw eira mae hi'n deud: 'Pam na ei di allan i neud dyn eira fel plant eraill?' Ond fyddwn i byth yn meiddio sgwennu petha felna mewn traethawd. Dyma'r math o beth dw i'n ei sgwennu:

Gwallt byr brown sydd gan mam. Dydi hi byth yn gwisgo powdwr a lipstic. Llygaid glas sydd gan mam a llygaid brown sydd gan dad. Chwarelwr ydi dad. Roedd o'n arfer cysgu yn y baracs efo'r llygod, ond rŵan mae 'na fws yn mynd o Sir Fôn i Dinorwig. Dad ydi'r gyrrwr. Mae mam yn chwarae'r organ yn y capal, ac mae hi'n mwmian canu o fore gwyn tan nos. Mae hi'n dda am wnïo. Mae hi'n gwneud dillad i Gwen a fi. Rydan ni'n cael ein gwisgo 'run fath yn union â'n gilydd ac mae dieithriaid yn meddwl mai efeilliaid ydan ni, er fod Gwen bymtheg mis yn hŷn na fi. Mae hi wrth ei bodd yn chwarae tŷ bach a giangs. Does ganddi ddim ofn pasio'r fynwent yn y nos na'r Persondy, ac mae hi wrth ei bodd yn gwrando ar straeon bwganod. Y mae fy chwaer yn standard ffôr . . .

Y Gylchwyl: *annual religious festival / anniversary*	chwip din: *a beating*
Dydd Diolchgarwch: *harvest festival*	llyncu mul (G.C.): *to sulk*
cwt golchi: *wash-house*	entri: *hall, passage*
ffrae: *a row*	hel (G.C.): *anfon*
cnadu (G.C.): h.y. cyrnadu, *to bawl, to howl*	deud y drefn: h.y. dweud y drefn, *to scold*
da (G.C.): losin	meiddio: beiddio, *to dare*
hel tai: *to visit*	dieithriaid: *strangers*
jolihoitio (G.C.): *to gallivant*	straeon bwganod: *ghost stories*

Mi fedrwn i sgwennu cyfrola am Gwen. Mae hi'n haws sgwennu am eich chwaer nag am eich rhieni. Ond os na chadwa i at y pwnc mi fydd Miss Huws yn ei deud hi. Gair byr am dad rŵan:

Dydi dad ddim yn ddyn tal ac mae o'n sâl yn amal—taflu i fyny, er na fydd o byth yn colli ei waith. Mam sy'n golchi ei ddillad o a llnau ei sgidia fo, a torri brechdana i roi yn ei dun bwyd o. Dydi dad byth yn ein gorfodi ni i ddysgu adnoda a chwara piano. Mae o'n hoffi darllen. Mae o'n mynd â ni i siop J. R. Morris i brynu llyfra, mynd yn y bws i Foel y Don ac yna croesi yn y cwch. Mae o'n deud na fydd yn rhaid iddo fo weithio pan enillith o'r pŵls na phoeni os na fydd cyfri mawr diwedd mis nac eira na dim. Dydi nain ddim yn lecio'r ffwtbol pŵls o gwbwl . . .

Dyna ddigon! Dyna ddigon! Fasa nain ddim yn lecio meddwl mod i'n cario straeon amdani hi a dad i Miss Huws. Dydi nain byth wedi madda i dad am ddŵad adra o'r gwaith yn sâl ryw Ddolig. Roedd o mor sâl nes buo'n rhaid iddyn nhw gael tri dyn i'w gario i'r gwely. Roeddwn i'n meddwl yn siŵr ei fod o ar fin marw wrth ei weld o mor sâl a mam yn torri'i chalon. 'Marw wir!' medda nain. 'Wedi meddwi mae o, yr hen gena drwg iddo fo. Wn i ddim sut y gallwn ni godi'n penna yn y pentra 'ma eto heb sôn am dwllu'r capal.'

Pan brioda i—os prioda i hefyd—mi fydd yn rhaid i fy ngŵr i fynd ar ei lw na ddaw o byth adra wedi meddwi. Mi fydd yn rhaid iddo fo fynd ar ei lw na naiff o byth dwyllo'n plant ni chwaith, fel y triodd dad ein twyllo ni. Roedd o wedi mynd am drip i Lerpwl ac wedi addo dŵad ag anrheg yn ôl i Gwen a fi. 'Llyfr dw i isio,' medda fi. Dw i'n ddigon hawdd i mhlesio os ca i lyfr o rywle. Rydw i fel yr hogan fenga honno yn *The Beauty and the Beast*, y ferch hardd a ofynnodd i'w thad am rosyn. Ond mi naeth dad dric sâl â ni. Mi ddaeth o â hen lyfra i ni—hen lyfra oeddan ni wedi eu cael flynyddoedd yn ôl ac wedi eu lluchio i waelod y cwpwrdd. Hen lyfra sâl oeddan nhw. Mae'n anodd anghofio hen dric fel 'na . . .

---

cyfrola: h.y. cyfrolau, *volumes*
deud hi: h.y. dweud hi, *to scold*
llnau (G.C.): h.y. glanhau
adnoda: h.y. adnodau, *verses from the Bible*
ar fin: *on the point of*
yr hen gena drwg: *the wicked old rogue*

twllu: h.y. tywyllu, *to darken*
ar lw: *on oath*
twyllo: *to deceive*
fenga: h.y. ifengaf, ifancaf
lluchio: taflu

'Mi gewch chi ddarllen eich traethoda o flaen y dosbarth heddiw,' medda Miss Huws. Ac fel petai hi'n gwybod nad oeddwn i wedi sgwennu dim o werth dyma hi'n galw arna i i ddarllen. Dyma fi'n cymryd un cipolwg dros y tudalenna a phenderfynu'n y fan a'r lle na fedrwn i byth bythoedd ddarllen rhyw hen lobscows felly. 'Rydan ni'n aros,' medda Miss Huws. Rŵan amdani, medda fi wrtha fi fy hun, a chymryd anadliad hir cyn dechra:

'Enw fy mam yw Elsi Pritchard ac enw fy nhad ydi Tomi Pritchard. Y mae'r ddau yn byw yn Ty'n Gamfa. Ty carreg ydi Tyn Gamfa. Mae Ty'n Gamfa drws nesa i dŷ nain. Enw tŷ nain ydi Preswylfa . . . Mae fy mam yn ddau ddeg saith oed a dad yn ddau ddeg wyth. Mae'r ddau'n hapus iawn, dyna pam wnaethon nhw briodi a chael plant. Lliw gwallt fy mam ydi melyn. Mae o'n hir ac yn sgleinio fel swllt. Mae hi'n rhoi lot o liw ar ei hwyneb a'i gwefusa a mae dad yn deud ei bod hi'n ddel iawn. Y mae fy nhad yn ddyn del hefyd. Dyn tal ydi dad. Mae o'n hapus iawn yn ei waith. Mae o'n rhoi ei gyflog i gyd i mam i brynu dillad a bwyd i ni . . . Pobl garedig iawn yw fy rhieni. Maen nhw'n prynu tegana a phetha da i ni a mynd â ni am dro yn y car . . . Nhw ydi'r rhieni gora'n y byd . . .'

Fedrwn i ddim meddwl am fwy i'w ddeud ac mi ofynnodd Miss Huws i mi a oeddwn i wedi gorffen. 'Do,' medda fi a chuddio'r llyfr tu ôl i nghefn. 'Dowch â fo yma,' medda Miss Huws, 'mae o'n batrwm o draethawd ac yn werth ei ddangos i'r athrawon eraill.'

Mi chwiliais i am bob matha o esgusodion i beidio â'i roi o iddi, ond ddaeth na ddim gair o mhen i. Ew, un llwfr fues i rioed! A wn i ddim pam na faswn i wedi meddwl am balu celwydd o'r dechra yn lle sgwennu'r hyn wnes i.

Ond un peth sy'n sicr, welan nhw ddim lliw ohono i'n yr ysgol fory, drennydd na thradwy nes bydd fy nghur pen i'n well a Miss Huws wedi anghofio popeth am y traethawd.

---

cipolwg: *there and then*
y fan a'r lle: *on the spot*
byth bythoedd: *never ever*
lobscows (G.C.): *hotch-potch, mess*
anadliad: *breath*
sgleinio fel swllt: *to shine like a new pin*
del (G.C.): hardd, pert

llwfr: *cowardly*
palu celwydd: dweud celwydd
welan nhw ddim lliw ohono i: *they won't see a glimpse of me*
trennydd: *day after tomorrow*
tradwy: *three days hence*
cur pen (G.C.): pen tost

Roger Boore
Ymerodraeth y Cymry

Buchedd Marelian

Pan ddaeth tad-cu Ifor Marelian o Armenia, teithiai'r nos ac ymguddiai'r dydd nes dianc o'i wlad. Yr oedd wedi gadael celanedd ei deulu ar fin y ffordd, lle y lladdwyd hwy gan y Twrciaid. Ymlwybrodd wedyn tua'r Gorllewin, trwy Azerbaijan, Georgia a'r Wcrain, hyd Latfia. O'r Baltic, wedyn, i Gaerdydd, ac o Gaerdydd i Lwynypia. Ac yno, yng nghanol mwstwr a chyfoeth sofraniaeth y glo, fe blwyfodd. Enillodd arian da yn y pyllau—yr oedd ei gorff yn chwim a chyhyrog—ond nid ymgyfeillachai ryw lawer â'i gyd-weithwyr. Nid oedd yn hoff iawn o'r hil ddynol bellach.

Bu iddo fab, David; a bu iddo yntau fab, Ifor. Trigent gyda'i gilydd mewn un o res o dai bron ar lan afon Rhondda, yn sŵn y dŵr a dorrai dros y cerrig. Nid oedd gwragedd yn y tŷ: ni allai neb fyw yn hir gyda surni didostur y dynion Marelian. Ond yr oedd y tadau'n caru eu plant, ac am hynny yr oedd y tŷ'n gynnes yn ei dawelwch.

Yno am flynyddoedd lawer buont yn byw eu bywyd digynnwrf, unig; ac am fod eu bywyd mor syml, cynilent.

Plentyn bach tywyll ei bryd, tywyll ei bersonoliaeth oedd Ifor. Edrychai ar y byd o dan aeliau sarrug. O'i ddydd cyntaf yn yr ysgol dewiswyd ef gan y plant eraill i'w bryfocio a'i erlid, ac yn aml iawn yn ystod yr wythnosau cynnar cyrhaeddai'r tŷ yn ei waed a'i ddagrau. Ond dysgodd yn fuan. Hawdd oedd

---

buchedd: *bywyd*
celanedd: *carnage*
ymlwybrodd: *he made his way* (ymlwybro)
mwstwr: *commotion*
sofraniaeth: *sovereignty*
fe blwyfodd: *he settled* (plwyfo)
pyllau: *mines*
chwim: *nimble, agile*
cyhyrog: *muscular*
nid ymgyfeillachai â: *he didn't mix with* (ymgyfeillachu)

hil dynol: *human race*
surni: *sourness*
didostur: *pitiless, merciless*
digynnwrf: *undisturbed*
cynilent: *they saved* (cynilo)
pryd: *complexion*
aeliau: *eyebrows*
sarrug: *sullen*
erlid: *to persecute*
yn ei waed a'i ddagrau: *bloody and tearful*

60

anwybyddu'r pryfocio, a blinodd y plant eraill ar hyn cyn hir. Nid mor hawdd oedd osgoi'r ergydion, ond i raddau mawr fe lwyddodd yma hefyd. Dysgodd ymladd yn gyfrwys—nid paffio, ond brwydro'n ddiegwyddor, gan ddefnyddio ewinedd, dannedd, esgidiau, ffyn, cerrig, pob rhyw erfyn o fewn cyrraedd, ac yr oedd hyn yn ddigon i ennill goddefgarwch ei gyfoedion, os nad eu parch na'u cymdeithas. Ar y ffordd adref o'r ysgol, pan ymunai bechgyn hŷn yn y chwarae, darganfu y ffyrdd i ddianc; pob llwybr, pob tro, pob mur y gallai ei ddringo, pob cornel y gallai ymguddio ynddi. Medrai symud fel cysgod, yn ddistaw, yn ddirgel.

Felly y dysgodd Ifor ei amddiffyn ei hun mewn byd gelyniaethus. Ac yn sgil hyn ymffurfiodd ei agwedd at y byd: nid casineb, ond rhyw ddirmyg digariad. Fe'i cadwai ei hun ar wahân: yn annibynnol, yn ddieithr, yn unig.

Yn un ar bymtheg oed, pan ddechreuodd ei feddwl ehangu a chyffredinoli, fe liwiwyd ei gasgliadau am y ddynoliaeth gan ei brofiad. Gwelodd ddyn yn rhuthro i lurgunio pob peth a greai i fod yn erfyn hunanddinistr: heddwch a rhyfel yn dilyn bob yn ail. Rhoddai hyn gryn foddhad iddo, canys gwyddai fod gan ddyn, erbyn hyn, foddion hunanddinistr llwyr, trylwyr. Sawrai o dro i dro y syniad chwerw-felys na fyddai eisiau iddo ef ymboeni ynglŷn â dial ar ei gyd-ddynion—byddent hwy eu hunain yn gwneud y gwaith drosto.

Trafodai, anwesai bron, yn ei feddwl y prif ddulliau dinistr: arfau niwclear, haint, gwenwyn, y tri hyn. Aethant â'i fryd yn llwyr. Eisteddai wrth y pentan gyda'r nos gan freuddwydio am

---

anwybyddu: *to ignore*
ergydion: *blows*
yn gyfrwys: *slyly*
paffio: *to box*
diegwyddor: *without principle*
ewinedd: *fingernails*
ffyn: *sticks*
erfyn: *weapon, tool*
goddefgarwch: *tolerance*
cyfoedion: *contemporaries*
yn sgil: *as a result of*
dirmyg: *scorn*
dynoliaeth: *mankind*

llurgunio: *to mutilate*
cryn: *considerable*
boddhad: *satisfaction*
canys: achos, oherwydd
moddion: *means*
llwyr: *complete*
sawrai: *he savoured* (sawru)
dial: *revenge*
anwesai: *he indulged in* (anwesu)
haint: *disease*
gwenwyn: *poison*
bryd: *mind, thoughts*

61

alanas cenhedloedd, am gyrff yn anweddu, am gyrff yn toddi, yn caledu, yn codi'n bothelli, yn gwywo'n waedlifoedd, yn troi'n goch, yn troi'n felyn, yn plygu, yn gwingo, ac yn tawelu: cyrff lluoedd, yn waed ac esgyrn.

Dechreuodd astudio'r pwnc o ddifrif, gan ddarllen yn eang ac yn ddwfn. Tanysgrifiodd i gylchgrawn heddychol o'r Unol Daleithiau a honnai ddatguddio darganfyddiadau ymchwilfeydd y wlad honno. Daeth yn hyddysg yn y grefft o adnabod arwyddion teiffws a cholera a'r frech wen a'r pla bwbonig a botwliaeth, ac yn y dulliau a ddyfeisiwyd gan wyddonwyr i ddwysáu effeithiau'r clefydau hyn a chyflymu eu lledaeniad. Medrai amcangyfrif effeithiau bom heidrogen o faint penodedig —faint o filltiroedd sgwâr o arwynebedd y tir y byddai'r bom yn eu diddymu'n llwyr neu'n eu gorchuddio â thân, neu'n eu trwytho â phelydrau marwol. Gwyddai beth a allai ddigwydd, a sut, a phaham, a rhoddai'r wybodaeth yma ryw ias o bleser iddo. Un peth yn unig oedd yn chwerwi ei ffantasi: byddai yntau ymysg y meirwon.

Yr oedd yr ymateb yma, yn ei farn ef, yn amlygu'r gwahaniaeth rhyngddo ef a'i gyd-ddynion. Credai y byddai pob un o'r praidd yn eithaf bodlon marw ond iddo ddeall bod y lleill i farw hefyd. Ond o'i ran ef, pan drengai'r lleill, yr oedd am gael byw o hyd.

Daeth y penderfyniad hwn yn sylfaen i'w fywyd.

Pan adawodd yr ysgol fe aeth i'r coleg i astudio amaeth-yddiaeth—bywoliaeth gyntaf gwareiddiad, a'r olaf hefyd, fel y tybiai. Dychwelodd wedyn i weithio ar un o ffermydd y Fro. Fe brynodd dŷ iddo ef ei hun. Ac fe'i dewisodd yn bwyllog.

Safai Tŷ Coch y Gorlan ar gwr uchaf y Fro, yn yr union fan lle

---

alanas: *massacre*
anweddu: *to evaporate*
pothelli: *blisters*
gwywo: *to wither*
gwaedlifoedd: *haemorrhages*
gwingo: *to writhe*
cyrff lluoedd: *a throng of bodies*
a honnai: *which claimed* (honni)
ymchwilfeydd: *research centres, laboratories*
hyddysg: *well-versed*
y frech wen: *smallpox*
botwliaeth: *botulism, food poisoning*
dwysáu: *to intensify*

lledaeniad: *circulation*
penodedig: *appointed*
arwynebedd: *surface*
diddymu: *to annihilate*
trwytho: *to saturate*
pelydrau: *rays*
ias: *thrill*
praidd: *flock*
pan drengai'r lleill: *when the rest died* (trengi)
sylfaen: *foundation*
gwareiddiad: *civilization*
yn bwyllog: *prudently*
cwr: *edge, border*

mae ysgwydd y mynydd llwm yn suddo i dir âr yr iseldir, heb fod ymhell o Hendre Forgan. Edrychai ffrynt y tŷ allan dros goed a chaeau ac erwau pell. Dall oedd ffenestri'r cefn gan ymchwydd agos y graig. Cysylltwyd y tŷ â thalcen y graig gan adfeilion hen feudy a safai am na wyddai ble i gwympo. Ar un pen i'r beudy yr oedd drws i'r gegin fach. Ond y drws yn y pen arall a ddenodd Ifor i brynu'r tŷ. Agorai hwnnw ar grombil y mynydd.

Cyn taro'r fargen am y bwthyn fe chwiliodd Ifor yr ogof i'w dyfnder pellaf. Estynnai am hanner milltir o leiaf o dan y ddaear yn gadwyn o ystafelloedd creigiog a holltau cul. Yr oedd yn rhyfeddol o sych, ar y cyfan, er bod ffrwd fach yn ei chroesi a'i hailgroesi ddwywaith neu dair. Llifai cerrynt o awel iach trwyddi'n dawel. Ar lawer cyfrif yr oedd yn rhagori ar y tŷ fel trigfan. A da hynny: canys i lawr yn yr ogof, ymhell o'r byd a'i beryglon, yr oedd Marelian yn bwriadu byw.

Bu'r rhaid iddo gyfaddawdu ar y dechrau. Er iddo osod ei wely yn un o'r ogofeydd, yr oedd eisiau dodrefnu'r tŷ ac atgyweirio'r beudy—nid oedd am ennyn chwilfrydedd ei gymdogion. Ac er mwyn ennill ei fywoliaeth bu'n gweithio ar fferm gyfagos, ym mherygl noeth yr awyr agored.

Ond pan fu farw ei dad a gadael iddo'r cyfan a gynilwyd gan ddwy genhedlaeth o'r teulu Marelian, nid oedd rhaid iddo ymdroi mwy. Aeth ati i berffeithio ei wâl o fewn y mynydd.

Dewisodd gyfres o dair ogof, fwy na chwarter milltir o enau'r twll. Yr oedd dwy ohonynt o faint ystafelloedd helaeth a chymesur, a'r drydedd yn fawr fel warws. Hon oedd y bellaf i mewn, a chaeodd Marelian ei phen mewnol â mur solet o feini. Ym mhen arall y *suite* o dair ogof—y pen allanol—cododd ef bâr o furiau, un o boptu i'r ffrwd fechan a groesai'r ogof yn y fan yna.

---

llwm: *bare, poor*
tir âr: *arable land*
erwau: *acres*
ymchwydd: *swelling, rise*
adfeilion: *ruins*
beudy: *cowshed*
crombil: *bowels*
holltau: *crevices*
ffrwd: *stream*
cerrynt: *current*
rhagori ar: *to surpass*

trigfan: *dwelling place*
cyfaddawdu: *to compromise*
atgyweirio: *to repair*
ennyn: *to inflame*
chwilfrydedd: *curiosity*
noeth: *naked*
gwâl: *lair*
ymdroi: *to linger*
helaeth: *ample, extensive*
cymesur: *proportionate, symmetrical*
meini: *cerrig*

I'r mur y tu draw i'r ffrwd—yr un a oedd nesaf at yr awyr agored—rhoddodd arwyneb o graig, fel y byddai'r neb a ddeuai ato yn tybied mai dyma oedd diwedd yr ogof. Gwnaeth y mur arall fel na fyddai'r awyr yn medru treiddio trwyddo. Rhwng y ddau yr oedd ei glo awyr a'i garthffosfa.

Cafodd beiriant i buro ac ailgylchu awyr yr annedd.

Cafodd beiriant i buro ac ailgylchu'r dŵr.

Cafodd gynhyrchydd trydan i droi llif y ffrwd yn bŵer a golau.

Dodrefnodd yr ogof yn esmwyth â charpedi a thapestrïau, cadeiriau, difán, a chelfi pren pwrpasol a chwaethus. Gosododd oleuadau i chwarae'n dyner ar wyneb garw'r graig. Estynnodd erial o'r bwthyn i borthi'r radio a'r teledu, fel y gallai ddilyn cwrs y byd mawr.

Llenwodd yr ogof fwyaf i'w hymylon â thuniau bwyd.

Ac yn y groth hon yng nghanol y mynydd, ymhell o gyrraedd y ddynoliaeth, fe'i clodd ei hun i mewn i wylio'r teledu a darllen llyfrau a disgwyl diwedd y byd.

Hir, hir iawn fu'r disgwyl: a thrwy flynyddoedd y disgwyl ni symudodd Marelian gam y tu hwnt i'w glo awyr. Yn y dechrau gadawai i'w feddwl ehedeg yn graff a beirniadol o gylch digwyddiadau'r byd fel y crynhoid hwy mewn darllediadau; a chwenychai weithiau am gael gweld yr eangderau. Rhyw aros creadigol oedd. Ond gyda threiglad y dyddiau yng nghysur llwydaidd y gell, gwywodd ei egni. Yr un dodrefn a'r un llyfrau, yn araf heneiddio; yr un cysur cyfarwydd, yr un awyrgylch twym a chlòs. Ni chyrhaeddai yno na haint nac oerfel. Erydwyd arwyddocâd pethau'r gell gan gyfarwydd-dra llethol amser. Adwaenai draed Marelian eu llwybrau, ac adwaenai ei ddwylo eu cyffyrddiadau, a dirywiodd ei fodolaeth i fod yn ddilyniant

---

treiddio: *to penetrate*
carthffosfa: *sewer*
ailgylchu: *to recycle*
annedd: *dwelling*
cynhyrchydd: *generator*
chwaethus: *tasteful*
porthi: bwydo, *to feed*
croth: *womb*
ehedeg: hedfan
yn graff: *keenly*
fel y crynhoid hwy: *as they were summarized*
  (crynhoi)

chwenychai: *he longed* (chwenychu)
eangderau: *expanses*, h.y. y byd
cyfarwydd: *familiar*
erydwyd: *eroded* (erydu)
llethol: *oppressive*
adwaenai draed M.: roedd traed M. yn
  adnabod
cyffyrddiadau: *touches, contacts*
dirywiodd ei fodolaeth: *his existence degenerated*
  (dirywio)

esmwyth o gwsg hir a bwyd a hepian. Dim ond y teledu oedd â bywyd ynddo yng nghysur marwol yr ogof, ac odid nad unig arwyddocâd ei ddelwau gwamal i Marelian ydoedd treigliad amser a'r terfyn rhwng dydd a nos. Ni chofiai mwyach pa bethau yr oedd yn eu disgwyl.

Ond er hynny, pan ddaeth eu hamser, fe ddigwyddasant.

Yn Des Moines, Iowa, safai ffatrïoedd Donald's Native Scotch, Stokowski Corporation, a Des Moines Neoplast.

Yr oedd Donald's yn distyllu chwisgi. Am fod y rysáit yn anghonfensiynol, yr oedd cyfuniadau go ddieithr yn y mwg a godai o'i simneiau.

Gorchuddio tunplat â farneisi a wnâi Stokowski. O basio'r platiau trwy'r ffwrn i'w sychu crëid tarth cemegol a'i chwythu allan i'r awyr gan ffaniau.

Yr oedd Des Moines Neoplast yn ceisio datblygu plastigion hydwyth yn ôl egwyddor hollol newydd, ac o bryd i'w gilydd, yn sgil yr arbrofion, byddai cymylau o nwyon cymhleth yn cael eu cynhyrchu. Un dydd dechreuodd cemegolyn newydd gymryd ei le yn y cymylau hyn. Cemegolyn go arbennig oedd hwn, ac fe ymgyfunodd â rhai o nwyon gwastraff Donald's a Stowkowski yn y nefoedd uwchben Des Moines i greu cemegolyn mwy arbennig fyth.

Rhoddwyd iddo'r enw Thanatid. Ei arbenigrwydd oedd ei fod yn lladd planhigion. Yn wir, nid oedd planhigyn yn y byd nas lladdai. Yr oedd yn ymosod nid ar gorff na rhan o gorff y llysiau y cyffyrddai â hwynt ond ar y bywyd ei hunan oedd ynddynt. Ei unig symptom oedd angau.

Nofiai Thanatid yn y gwynt. Pa le bynnag y chwythai hwnnw, gwywai planhigion y tir. Ymgartrefai hefyd yn y glaw. Pa le bynnag y treiddiai hwnnw, trengai planhigion y dŵr.

Pan ddaeth yr effeithiau hyn yn hysbys cafwyd sôn mawr amdanynt ar y teledu. Diau, meddid, y ceid dioddefaint erchyll

---

hepian: *to slumber*
odid: *perchance*
delwau: *images*
gwamal: *fickle*
terfyn: *boundary*
cyfuniadau: *combinations*
tarth: *vapour*
hydwyth: *elastic, supple*

o bryd i'w gilydd: *from time to time*
nwyon: *gases*
y treiddiai hwnnw: *that penetrated* (treiddio)
hysbys: *known*
diau: *doubtless*
y ceid dioddefaint: *there would be suffering* (cael)
erchyll: *terrible*

dros dro, yn enwedig yn y gwledydd tlawd, ond ni allai effeithiol-rwydd Thanatid barhau'n hir. Gyda'r cynhaeaf nesaf . . .

(Nid aflonyddodd hyn ryw lawer ar syrthni Marelian.)

Plannwyd y cnydau nesaf. Pydrodd yr hadau yn y ddaear.

Daeth y sgrin lwyd yng nghongl y gell â darluniau o wledydd Asia. Terfysgoedd ffyrnig: milwyr yn saethu ar dorfeydd. O wlad i wlad codai ac yna distawai'r adroddiadau hyn, fel y ciliai llywodraeth o flaen anarchiaeth, a deuai tywyllwch.

O wylio hyn, dychwelodd teimlad i galon Marelian ar ôl absenoldeb maith. Yr oedd y teimlad hwn yn un hollol newydd iddo. Meddyliodd tybed ai tosturi oedd.

Daeth y sgrin â newyddion eraill. Bod dogni bwyd yng ngwledydd y Gorllewin, ond bod stociau bwyd yn ddigonol . . . bod Sbaen wedi syrthio . . . a'r Eidal . . . a'r Almaen . . . bod cwtogi ar y dognau yn y wlad hon: a chwtogi eto . . . bod digon o fwyd ar gyfer un . . . dwy . . . chwe blynedd: bod dim angen pryderu . . .

A rhyw noswaith: 'Mae stociau bwyd wedi eu disbyddu, ac y mae'r llywodraeth wedi cynnig ei hymddiswyddiad. Mae'r gwasanaeth teledu yn cau i lawr. Gellwch barhau i wrando ar y gorsafoedd a ganlyn'—rhyw hanner dwsin ohonynt, y rhan fwyaf yng Ngogledd America—'ond ni ddisgwylir y byddant yn parhau'n hir. Duw gadwo ei blant.'

Wythnos yn ddiweddarach yr agorodd Marelian ddrws ei gell.

Ergydiodd rhin a min yr awyr iach trwy ei aelodau fel brandi. Daliodd ymlaen hyd enau'r ogof, ond pan gyrhaeddodd yn ôl i'w gell yr oedd yn wan a chrynedig fel claf newydd godi. Trannoeth yr oedd arno dwymyn annwyd a barhaodd yn ei grym am ddyddiau bwygilydd.

Y tro nesaf, yr oedd ganddo ddigon o nerth i fentro allan o'r

---

cynhaeaf: *harvest*
nid aflonyddodd hyn: *this didn't disturb*
  (aflonyddu)
syrthni: *apathy*
cnydau: *crops*
terfysgoedd: *riots*
torfeydd: *crowds*
fel y ciliai llywodraeth: *as government retreated*
  (cilio)
tosturi: *pity*

dogni bwyd: *rationing*
cwtogi: *to curtail*
pryderu: *poeni*
disbyddu: *to exhaust*
ymddiswyddiad: *resignation*
rhin: *essence*
min: *edge*
twymyn: *fever*
bwygilydd: *on end*

ogof. Yr oedd ei dŷ bellach wedi hanner-ddadfeilio a'r cynnwys wedi diflannu bron i gyd. Teimlodd ei ffordd trwy'r sglodion gwydr a llechi a'r drws ffrynt drylliedig i osod ei olwg yn erbyn golau dydd.

Methodd ag edrych trwy'r disgleirdeb gwyn. Caeodd ei ddwylo dros boen ei lygaid. O'r diwedd llwyddodd i weld.

Yr oedd mwynder Morgannwg wedi troi'n llymder anialwch. Ysgerbydau coed, dellt gwrychoedd, heb frigyn byw na glesni: y ddaear yn lleidiog a chignoeth, gydag ambell hen redynen farw wedi ei thynnu trosti fel blewyn dros gorun moel. Y cyfan yn ddiffaith o orwel i orwel pell, yn llwyd, yn ddu, yn goch—lliwiau marwolaeth. Heb anifeiliaid, heb adar, heb bryfed.

Ond fe welodd un peth byw; ac wedi gweld un, gwelodd laweroedd, yn sypiau disyflyd ar wasgar dros bobman. Pobl oeddynt, yn cysgodi ym môn clawdd, yn libart bwthyn. Yma a thraw codai criau main, fel sŵn gwylanod pell.

Daeth awel y gwanwyn ag ynni newydd i Marelian, ac adnabu ef yr oruchafiaeth a gawsai ar y trueiniaid hyn. Brasgamodd ar hyd y ffordd tua Hendre Forgan a Thonyrefail, gan anwybyddu'r llygaid niwlog a edrychai i fyny arno. Wrth iddo ddringo clywodd ergydion dryll yn y pellter.

Daeth sibrwd ato o fin y ffordd: 'Arhoswch, arhoswch ennyd!'

Dringodd geiriau ei ateb yn wyliadwrus ar hyd y llwybr anghofiedig o'i ymennydd i'w dafod, a gyrru hwnnw i ffurfiau cymwys.

'Be dach chi isio?'

Yr oedd benyw yn eistedd ym môn y clawdd, a'i chefn yn

---

llechi: *slates*
drylliedig: *shattered*
mwynder: *gentleness*
llymder: *bareness*
anialwch: *desert*
ysgerbydau: *skeletons*
dellt gwrychoedd: *lattice hedges*
brigyn: *twig*
glesni: *greenness*
lleidiog: *clayey*
cignoeth: *bare, raw*
rhedynen: *fern*
corun: *crown of the head*

diffaith: *sterile*
gorwel: *horizon*
pryfed: *insects*
sypiau: *heaps*
disyflyd: *motionless*
libart: darn o dir o gwmpas tŷ
goruchafiaeth: *supremacy*
brasgamodd: *he strode* (brasgamu)
ennyd: tipyn
yn wyliadwrus: *warily*
ymennydd: *brain*
cymwys: *appropriate*

67

pwyso yn erbyn meini lleidiog. O boptu iddi nythai plentyn, ac yr oedd y tri wedi eu casglu ynghyd ynghanol pentwr o wrthbanau. Nofiai'r chwe llygad anferth fel llynnoedd ymysg esgyrn yr wynebau.

'Isio i chi ofalu am y plant.'

'Pam?'

'Er mwyn tosturi, iddyn nhw gael byw.'

'A beth amdanoch chi?'

'Pwy sy'n mynd i dosturio wrtho i?'

'Ie,' ebe Marelian, 'ond pam ych chi'n gofyn i fi?'

'Rych chi'n ŵr cryf,' ebe'r wraig. 'Rych chi'n iach. Mae bwyd gyda chi yn rhywle.'

'Oes, mae bwyd gyda fi. Be sy gyda chi sy'n gyfwerth â bwyd?'

'Dynoliaeth.'

Gwenodd Marelian, bron. 'Ie, ond beth allech chi ei *roi* i fi sy'n gyfwerth â bwyd?'

'Cyngor.'

'Mae cyngor yn rhad,' ebe Marelian.

'Mae'n rhad i'r rhoddwr. Gall ei eisiau fod yn ddrud i chi.'

'Pam?'

'Rych chi wedi cael digon o fwyd. Felly, rych chi'n ddieithryn yn yr ardal 'ma. Felly, rych chi mewn perygl. Mae'r ardal hon yn llawn peryglon i ddyn boliog.'

'Rho dy gyngor,' ebe Marelian. 'Mi farna i wedyn.'

'Ewch yn ôl i'ch cuddfan yn ddirgel. Peidiwch ag ymwneud â neb. Cadwch draw o'r pentrefi.'

'Rwy'n gwrando,' ebe Marelian.

'Does gan y rhai a welwch chi yma ddim byd i'w fwyta,' ebe'r wraig. 'Dim crystyn. Dim sgidie lledr. Rŷn ni wedi colli'r cyfan i gyd. Mae arnoch chi gnawd blasus, syr, os ca i ddweud, ac rŷn ni'n ddidrugaredd fel chi. Y rheswm nad oes gyda ni ddim i'w fwyta ydy bod rhai eraill wedi dwyn y cyfan oddi arnom ni. Y rhai eraill ydy'r cymdeithasau—y Gwyrdd a'r Coch yn y Gilfach, y

---

o boptu: *on either side*
nythai plentyn: *a child nestled* (nythu)
gwrthbanau: blancedi
esgyrn: *bones*
cyfwerth â: *equivalent to*

boliog: tew
mi farna i: *I will judge* (barnu)
cuddfan: *hiding-place*
yn ddirgel: *secretly*
didrugaredd: *merciless*

Gyfrinfa yng Nghoed-lai, a'r lleill. Ymhell cyn yr ymddatod buon nhw'n cynllwynio a chasglu arfau a dwyn bwyd. Pan gwympodd y llywodraeth, y nhw a gymerodd drosodd, a chodi eu gwladwriaethau bach eu hunain. Y Gilfach Goch a'r Gilfach Werdd; Llywodraeth Gwerin Cwmlai; Cyfraith Trebanog. Eu gweithred gyntaf oedd "ysgafnhau'r cwch"—gyrru pawb arall allan iddyn nhw gael rhannu'r bwyd . . . am sbel. Bellach maen nhw'n gwarchod eu ffiniau â gynnau yn eu dwylo. Pa ots gyda nhw am eich lladd chi?'

'Rwy'n derbyn dy gyngor,' ebe Marelian. 'Beth yw enwau'r plant?'

'Siôn a Meri.'

Yr oedd y ddau yn ysgafn fel yr eira, dim ond croen ac esgyrn bregus a llygaid anferth pŵl. Yn esmwythyd yr ogof a'i digonedd bwyd adferwyd eu nerth. Chwaraeent yn llesg o gwmpas y dyn tawel a ofalai amdanynt yn fanwl, ond yn ddi-hwyl.

Hydref oedd hi pan ddaeth Marelian o'r ogof eto. Yr oedd boncyffion y coed wedi mynd yn llai a gweddillion y gwrychoedd yn deneuach. Lle bu'r ffoaduriaid, gorweddai eu hesgyrn, wedi eu hanner cuddio â llwch a llaid.

Ar gwr tre Tonyrefail gwelodd Marelian fwrdd yr oedd rhywun wedi paentio 'Ll. G. Cwm-lai' arno. Croeswyd hyn allan, a rhoi 'Cyfraith Trebanog a'r Cwm' yn ei le, ond yr oedd y bwrdd wedi cwympo i'r ffos. Gellid teimlo'r distawrwydd yn ddyfnach yno nag yn y wlad, ac atseiniai sŵn traed Marelian o dalcennau'r tai a'r capeli.

Safodd yn sydyn a llamu o'r neilltu. Disgynnodd rhwyd o ffenestr uwchben a gorchuddio'r fan lle y bu. Yna daeth dyn bach musgrell yn cripian fel pry copyn o ddrws y tŷ a syllu'n syn ar y

---

ymddatod: *dissolution*
cynllwynio: *to plot*
arfau: *weapons*
gwladwriaethau: *states*
gweithred: *act*
bregus: *frail, fragile*
anferth: *enormous*
pŵl: *dull, dim*
adferwyd eu nerth: *their strength was restored* (adfer)
yn llesg: *feebly, sluggishly*

boncyffion: *trunks*
ffoaduriaid: *refugees*
llaid: *mud*
ffos: *ditch*
atseiniai sŵn traed M.: *the sound of M.'s feet echoed* (atseinio)
llamu: *to leap, to spring*
o'r neilltu: *aside*
rhwyd: *a net*
musgrell: *decrepit*
cripian: *to crawl*

fagl wag. Nid edrychodd hwn ar Marelian, na sylwi ar ei ymadawiad. Torrodd llef eiddil, fain: 'Fedra i ddim codi'r rhwyd! Fedra i ddim codi'r rhwyd!'

Yr oedd yn wanwyn eto pan ddaeth Marelian i'r awyr agored y tro nesaf. Rhyw filltir a hanner o'r tŷ daeth o hyd i ychydig flagur glas ŷd. Sut y daethant yno, o ble daeth yr hadau, pa fodd yr oeddynt wedi goroesi'r pla, ni wyddai.

Ond fe wyddai sut oedd eu hwsmona.

---

bagl: *trap, snare*
llef eiddil fain: *a shrill feeble cry*
blagur glas ŷd: *green shoots of corn*
hadau: *seeds*

goroesi: *to survive*
pla: *plague*
hwsmona: *to cultivate*

Eleri Llywelyn Morris
Storïau '71

Eli Brown

Fedra i ddim cofio amser heb Eli. I mi, roedd hi'n bod o'r
dechrau rhywsut, fel mam a dad. Ac eto, meddent hwy i mi,
ddaeth hi ddim i fyw i Fron Pwll at ei nain nes fy mod i'n dair
oed. Gallwn weld Bron Pwll o ffenestr llofft ein tŷ ni; un o'r tai
hynny ydy o hefo dwy ffenestr llofft a dwy ffenestr waelod a drws
yn y canol—tŷ efo wyneb. Fyddai nain Eli byth yn cau'r drws, ac
eithrio pan fyddai hi'n tresio bwrw neu'n chwipio rhewi, a
rhoddai hyn olwg gyfeillgar i wyneb y tŷ, fel pe bai'n chwerthin
a'i geg yn llydan agored. Dro arall, pan fyddai'r haul ar fachlud,
delid swigan felyngoch ohono gan ffenestr llofft Bron Pwll, nes
gwneud i'r tŷ edrych fel pe bai'n wincio ar ein tŷ ni.

Leciais i erioed mo Eli. Anaml y byddai hi'n gwenu, a welais i
erioed mohoni hi'n wincio. Wyneb bach crwn fel afal oedd ganddi
hi a llygaid lliw dim byd a gwallt lliw llygoden. Yn y llun cyntaf
sydd gennyf i ohoni, mae ei hwyneb yn un clwstwr o frychni, ond
cliriodd y rheini fel yr aeth hi'n hŷn. Wrth ochr Eli yn y llun, y
mae Gwenllian, efo'i hwyneb siâp calon, tlws, a'i llygaid mawr,
mawr, brown—llygaid buwch. Eli druan! Mae o fel llun o
'Brydferthwch a'r Bwystfil'. Un o'r bobl lwcus hynny a chanddi
bob dim oedd Gwenllian. Roedd hi'n eithriadol o dlws, a chawsai
bob dim y gofynnai amdano gan ei rhieni. Pensaer oedd ei thad.
Roedd hi'n un o'r rhai gorau yn ein dosbarth ni yn yr ysgol, a hi
oedd ein harweinydd naturiol ni. Roedd ganddi hi ryw awdurdod
rhyfedd dros bawb, a feiddiai yr un ohonom ni fynd yn groes iddi.

---

ac eithrio: *with the exception of*
tresio bwrw (G.C.): bwrw'n drwm
chwipio rhewi: rhewi'n galed
cyfeillgar: *friendly*
llydan agored: *wide open*
machlud: *sunset*
delid: *would be caught* (dal)
swigan: *bubble*
clwstwr: *cluster, mass*
brychni: *spots*

hŷn: henach
tlws: hardd
bwystfil: *beast*
eithriadol: *exceptional*
pensaer: *architect*
arweinydd: *leader*
feiddiai yr un ohonom: *not one of us dared*
　(beiddio)
mynd yn groes iddi: *to cross her*

Ac eto, doedd hi ddim yn hogan 'neis'. Yn wir, hen *bitsh* fach oedd Gwenllian!

Doedd Eli ddim yn ddel, a fedrai ei nain hi ddim fforddio rhoi llawer o ddim iddi. Doedd ganddi hi ddim personoliaeth na ffrindiau, ond pan ddeuai hi'n amser arholiadau yn yr ysgol, byddai Eli'n curo pawb yn rhacs bob tro. Y hi oedd y gorau yn ein dosbarth ni o ddigon. Er ei holl ffaeleddau, roedd hi'n ddeallus iawn.

Doedd dim yn gasach gan Gwenllian na chael ei churo mewn prawf neu arholiad gan Eli—o bawb. Ceisiai ddial arni bob tro trwy aros amdani, gyda'i chynffon hir o gefnogwyr gwan, a'i brathu efo llond ceg o eiriau cas.

'Ylwch yr hen styd bach yn dŵad,' gwaeddai Gwenllian pan welai Eli ar ôl i ni gael ein marciau, a deall mai Eli oedd y cyntaf unwaith eto, er mai y hi, Gwenllian, fyddai'r ail ran amlaf—a'i bod hi, felly, yn gymaint o 'styd' bob tamaid ei hun.

Ambell dro, gofynnai Gwenllian i Eli:

'Ble ma' dy dad di, Eli?'

Wyddai'r un ohonom ni beth yn union yr oedd y cwestiwn yn ei olygu ar y pryd, ond byddem yn lecio clywed Gwenllian yn ei ofyn, er mwyn cael gweld Eli yn crio. Crio a wnâi hi bob tro, am na wyddai hi'r ateb. Edrychem ninnau arni, ein teimladau'n gymysgfa o dosturi a'r llawenydd rhyfedd hwnnw a deimlais lawer tro wedyn yn ystod fy mywyd—y llawenydd o weld rhywun yn dioddef. Roedd gweld Eli yn crio fel gwylio ymladd tarw.

Eli, rydw i'n teimlo'n wir ddrwg heddiw am fwynhau dy weld di'n edrych mor druenus, wedi dy dorri i gyd gan dafod brwnt Gwenllian. Ond, be allwn i ei wneud? Roedd gin i gymaint o ofn Gwenllian â thitha, ac os buaswn i wedi ochri efo chdi yn ystod un o'r munudau hynny pan oeddwn i'n teimlo tosturi tuag atat ti, wyddost ti be fasa wedi digwydd? Mi fasa hi wedi troi arna i. Mi fasa Gwenllian wedi troi arna i! Roeddat titha'n fwch dihangol heb ei ail, nid yn unig i mi, ond i lawer un.

---

del (G.C.): *hardd*
curo pawb yn rhacs: *to beat everyone hollow*
o ddigon: *by far*
ffaeleddau: *failings*
deallus: *intelligent*
dial: *revenge*
brathu: *to wound*
llond ceg: *a mouthful*

ylwch (G.C.): edrychwch
styd: *a swot*
cymysgfa: *a mixture*
tosturi: *pity*
truenus: *miserable*
bwch dihangol: *scapegoat*
heb ei ail: *second to none*

Cofiaf i Eli gael profiad annifyr iawn un tro pan oeddem ni yn y trydydd dosbarth yn yr Ysgol Ramadeg. Roedd hi wedi ffansïo'r hogyn mwyaf golygus yn ein dosbarth ni, heb yn wybod i neb. Mae'n debyg na fuasai'r un ohonom wedi dod i wybod erioed, chwaith, oni bai i Miss Parri, ein hathrawes Hanes, ddal Eli yn ysgrifennu mewn gwers pan ddylai fod yn gwrando arni hi, Miss Parri, yn adrodd anturiaethau Harri'r VIII.

'Elin Brown. Be dach chi'n 'i neud?'

Cochodd Eli.

'Dim byd, Miss!'

'Dim byd, wir! Roeddach chi'n sgwennu pan ddylach chi fod yn gwrando. Be dach chi 'di sgwennu?'

'Sgwennu be oeddach chi'n ddeud, Miss!'

'O! A be o'n i'n ddeud?'

Distawrwydd.

'Dowch â'r papur 'na yma.'

Eisteddai Elin fel hogan farw, yn methu symud na cheg na throed.

'Elin Brown, dowch â fo yma!'

Pwff o chwerthin yma ac acw, yn y dosbarth. Cegau yn ceisio cuddio gwenau. Traed yn cicio coesau o dan y desgiau. Breichiau yn pwnio ei gilydd. Ond, roedd Eli yn hollol lonydd. Cododd Miss Parri a cherddodd at ddesg Eli. Cipiodd y llyfr bach coch anffortunus o law Eli, a gwelsom mai dyddlyfr oedd o. Pawb yn gobeithio y buasai Miss Parri yn darllen yr hyn a ysgrifenasai Eli allan yn uchel; Eli yn gobeithio na wnâi hi ddim. Ond, roedd Miss Parri yn un o'r athrawon truenus hynny sydd yn dibynnu ar ddigwyddiadau bach fel hyn i ennill ei phoblogrwydd gyda'r plant. Ac os rhoddai Eli ei chas arni am byth am wneud y fath beth, pwy oedd Eli? Rhoddai'r gweddill o'r dosbarth eu ffafr ar Miss Parri am ddarllen cynnwys y dyddlyfr iddynt hwy. A dyma'r hen gnawes yn darllen cyfraniad y diwrnod hwnnw i'r dyddlyfr. Doedd o'n ddim byd pwysig iawn—dim ond hogan bedair ar

profiad: *experience*
annifyr: *unpleasant*
hogyn (G.C.): bachgen
golygus: *handsome*
heb yn wybod i neb: *without anyone knowing*
anturiaethau: *adventures, enterprises*
pwnio: *to nudge*

llonydd: *still*
dyddlyfr: *diary*
os rhoddai E. ei chas arni: *if E. hated her*
(rhoddi)
yr hen gnawes: *the old vixen*
cyfraniad: *contribution*

73

ddeg oed yn dweud cymaint oedd hi'n licio Siôn, ac mor falch oedd hi fod Siôn wedi sbïo arni hi a gwenu arni hi wrth ddod i mewn i'r dosbarth y bore hwnnw, ond roedd o'n newydd diddorol iawn i ni na wyddem am gyfrinach Eli o'r blaen.

Edrychodd Siôn erioed ar Eli ar ôl y diwrnod hwnnw, ac eithrio i'w sbeitio. Fel y rhan fwyaf o hogiau del, roedd o'n meddwl ei hun yn ofnadwy, ac yr oedd y syniad o gysylltu ei wyneb del o gyda wyneb Eli a'i gwedd fel arwynebedd y lleuad gan smotiau, yn ormod o lawer iddo. Rhag ofn i ni ddechrau ei bryfocio efo Eli, ymrôdd Siôn i'w sbeitio ac i ddweud pethau cas amdani hi i brofi nad oedd o'n ei licio hi. Eli druan, mi fuasai'n haws ganddi hi gymryd sbeit gan bawb na chan Siôn!

Nid yw pob athrawes neu athro fel Miss Parri. Pan oeddem ni yn y pumed dosbarth yn yr ysgol, daeth athro Saesneg newydd atom. Doedd yna ddim arbennig ynddo fo i sbïo arno fo, ar wahân i'r ffaith ei fod o'n ifanc. Eto, roedd o'n ddyn ffeind iawn a chanddo bersonoliaeth a wnâi i chi anghofio nad oedd o'n olygus, a'i licio yn ofnadwy. Gwirionodd Eli arno fo. A chan ei bod hi yn dda iawn yn Saesneg, ymddiddorai yntau'n fawr ynddi.

Wedi i arholiadau'r Lefel O fynd heibio, cafodd ein dosbarth ni yn yr ysgol barti ar lan y môr i ddathlu, a gwahoddwyd yr athrawon yno. Derbyniodd rhai y gwahoddiad; gwrthododd eraill. Derbyn a wnaeth Gareth, ac edrychai Eli ymlaen ers wythnosau am noson y parti a'r cyfle i weld Gareth y tu allan i fyd yr ysgol, lle mae pawb yn berson, ac nid wedi eu rhannu yn bobl a phlant. Gwyddem am hyn gan ein bod ni bellach yn un ar bymtheg oed ac wedi dysgu bod yn rhaid cuddio teimladau hyll tuag at ein gilydd, a bod yn ffrindiau arwynebol efo pobl nad ydych yn eu licio. Roedd Eli wedi cael rhyw fath o dderbyniad i'n cylch ni erbyn hyn, ac wedi gwneud cais am ein cyfeillgarwch trwy ymddiried ynom ei bod yn licio Gareth. Gwn iddi gymryd cryn drafferth i edrych yn dda ar noson y parti—yn wir, yr oedd olion ymdrech amlwg ar ei gwallt a'i hwyneb a'i dillad.

---

sbïo (G.C.): edrych
cyfrinach: *secret*
sbeitio: *to spite*
gwedd: *appearance*
arwynebedd: *surface*
ymrôdd S.: *S. devoted himself* (ymroi)
ffeind (G.C.): dymunol, *pleasant*

gwirionodd E. arno: *E. doted on him* (gwirioni)
derbyniad: *acceptance*
ymddiried: *to confide*
trafferth: *trouble*
olion: *traces, signs*
ymdrech: *effort*

Roedd lleuad mawr lliw lemon wedi trochi'r môr efo'i olau y noson honno. Roedd yno fwyd a diod a thân a miwsig a dawnsio a chwerthin—ac un hogan ddieithr nas gwelodd yr un ohonom ni o'r blaen, yn troi mewn cylch o wragedd athrawon.

Cnoi darn o gig yr oedd Eli pan ddaeth Gareth i fyny ati. Roeddwn i'n sefyll wrth ei hymyl ar y pryd, a gwelwn hi'n crynu. Bu Gareth yn siarad efo ni'n dwy am tua deng munud, dweud ein bod ni wedi bod yn lwcus i gael noson mor braf i'n parti, gofyn a oeddem ni'n mwynhau ein hunain—pethau bach moesgar fel yna. Ar hynny, cerddodd yr eneth ddieithr i fyny tuag atom, a llithrodd ei braich trwy fraich Gareth. Trodd yntau i edrych arni tan wenu, ac yna, trodd at Eli a fi.

'Elin, Llinos,' meddai ef, 'dyma Ann, fy nyweddi.'

Tagodd Eli ar ei chig . . .

Buom ni yn ceisio ei chysuro ar ôl hynny, a dweud wrthi na allem weld beth oedd Gareth yn ei weld yn Ann, a'i bod hi'n hogan blaen ddychrynllyd.

Ond Eli druan, doedd dim modd dy gysuro efo geiriau fel yna, ac os gwn i allet ti ddweud ein bod ni i gyd, bob un ohonom ni'r genethod oedd yn cymryd arnom gydymdeimlo efo chdi, yn falch, ia, yn falch, oherwydd be ddigwyddodd i ti? Roeddan ni wedi meddwl, fel chditha, fod Gareth yn dy licio di, ac er nad oeddan ni ei eisio fel'ny'n hunain, doeddan ni ddim am i ti ei gael o ychwaith. Ac, O! mor falch oeddwn i o'th weld ti'n tagu ar dy gig, ac o'th glywed yn siarad efo Ann mewn llais cath bach, llais wedi ei leihau'n ddim bron gan sioc!

Daeth Eli dros hyn eto gydag amser, ac ymhen blwyddyn, roedd hanes tipyn hapusach iddi. Daeth hogyn newydd i fyw i'r ardal. Marc. Roedd o'n un o'r hogiau hynny mae pob hogan yn ei ffansïo a gallai ddewis pwy a fynnai. Dewisodd Marc Eli. Allai'r un ohonom ni a oedd wedi adnabod Eli ar hyd ein hoes ddeall sut oedd y fath beth yn bosibl. Gwelaf yn awr, wrth edrych yn ôl, nad oedd Marc yn gweld Eli yn yr un golau ag y gwelem ni hi.

---

trochi: *to immerse*	llithrodd: *she slipped* (llithro)
crynu: *to shake*	dyweddi: *fiancée*
moesgar: *polite*	tagodd E.: *E. choked* (tagu)
ar hynny: *just then*	plaen ddychrynllyd: *terribly plain*
geneth: merch	cymryd ar: *to pretend*

Edrychem ni ar Eli trwy'i gorffennol; i Marc, doedd dim gorffennol iddi. Gwelaf, hefyd, na fedrem ni weld Eli yn iawn oherwydd yr holl deimladau hyll a brofem tuag ati. Roeddan nhw rhyngom ni a hi, o flaen ein llygaid ni, fel sbectol, ond eu bod nhw yn anffurfio ein delw ni ohoni, nid ei gywiro.

A pheth arall, Eli, mi wela i rŵan mai ynom ni yr oedd y drwg, ond doeddan ni ddim yn deall hynny, ac felly, yn ei briodoli i ti. Doedd dim teimlad drwg tuag atat ti ym Marc, a dyna pam yr oedd o'n dy weld ti'n wahanol i sut y gwelem ni ti. Mae gin i gywilydd heddiw wrth edrych yn ôl.

Noson o haf oedd hi, ac roeddwn i'n fy ngwneud fy hun yn barod i fynd i ddawns i ddathlu'r achlysur o ymadael o'r ysgol. Roeddwn i ar fin cychwyn pan welais i Eli yn cerdded tua'm tŷ.

'O! be ma' hon isio rŵan?' meddwn i wrth mam.

Ceisiodd Eli wneud i'w hymweliad edrych yn ddamweiniol, ond yr oedd yn amlwg i mi bod arni hi eisiau dweud rhywbeth. Dywedodd i ddechrau fod Marc yn gweithio'n hwyr y noson honno, ac yna, aeth ymlaen i ddweud ei fod o wedi bod yn edrych amdani hi y prynhawn hwnnw.

'Roedd o'n ddigri iawn—yn ddistaw ac yn nerfus. Ac wedyn, mi ddeudodd o ei fod o isio deud rwbath wrtha i, ond fedra fo'n ei fyw gael ei eiria allan. Mi soniodd o rwbath am briodi, ond dwn i ddim be odd ganddo fo. Beth bynnag, mi ath heb ddeud yn y diwadd, a dw i'n 'i weld o pnawn fory eto, am sgwrs.'

'Mae'n amlwg ei fod o'n trio gofyn i ti ei briodi o, ond ei fod o'n methu dŵad rownd at y peth.'

Dyna a deimlai Eli hefyd, gallwn ddweud. O, Eli, roeddat ti'n fy ngwneud i'n sâl y noson honno, yn sefyll o'm blaen i, yn hunanfoddhaol fel cath, a chymaint, gymaint o eisio deud arnat ti fod Marc wedi gofyn i ti ei briodi o, fel hogan fach. A finna'n meddwl gymaint o wâst oedd i ti o bawb i gael Marc, ac yn dy gasáu di o waelod fy nghalon. Ond, wyddet ti ddim sut oeddwn i'n teimlo. Roeddwn i'n hogan braidd yn rhy hen i ddangos fy ngwir deimladau, a'r cwbl ddywedais i oedd:

---

anffurfio: *to disfigure*
delw: *image*
priodoli: *to attribute*
cywilydd: *shame*
dathlu: *to celebrate*

achlysur: *occasion*
ar fin: *about to*
digri: *rhyfedd, od*
hunanfoddhaol: *self-satisfied*
wâst: *waste*

"Nei di f'esgusodi i, Eli? Dw i 'di addo gweld Dic am hanner awr 'di saith.'

Y person cyntaf a welais yn y ddawns oedd Gwenllian, mewn ffrog wen a dynnai sylw'r goleuadau uwch-las. Buom yn siarad am ryw bum munud, a gofynnais iddi a oedd hi'n edrych ymlaen am fynd i'r Coleg Hyfforddi ddiwedd yr haf. Aeth i'w gilydd a roddodd hi ddim ateb iawn i mi.

Fflachiai golau arnom fel yr oeddem yn dawnsio, nes gwneud i ni edrych fel creaduriaid wedi eu trydanu. Tynnwyd fy sylw at ffrog wen Gwenllian. Gwelwn ddwy fraich o gwmpas ei chanol.

''Sgwn i pw' s'gyni hi heno,' meddwn i wrthyf fy hun, a cherddais heibio i fusnesu. Methwn â choelio fy llygaid. Roedd Gwenllian ym mreichiau Marc!

Euthum i weld Eli yn gynnar y bore trannoeth. Roeddwn i'n ysu am gael dweud wrthi am yr hyn a welais. Roeddwn i'n ysu, Eli, am gael tynnu'r wyneb hwnnw a welais i gennyt ti y noson cynt, i ffwrdd, a rhoi wyneb arall i ti. Ond, chefais i mo'r pleser. Pan euthum i i mewn i Fron Pwll, gallwn deimlo fod rhywbeth o'i le. Y cwbl ddywedodd nain sur Eli wrthyf pan ddeuthum i mewn, oedd fod Eli yn ei llofft ac am i mi fynd trwodd ati . . . Yr oedd Eli yn gorwedd ar ei bol yn ei gwely, wedi ymroi i grio. Trodd i edrych arnaf pan gerddais i mewn, a gwelais wyneb wedi ei anffurfio gan newydd drwg. Ond theimlais i ddim boddhad wrth weld Eli mewn cyflwr mor druenus. Yn hytrach, teimlais frathiadau o gywilydd, a dywedais wrthi, yn ffeind:

'Does dim rhaid i ti ddeud wrtha i, Eli. Dw i'n gwbod, mi welis i nhw efo'i gilydd neithiwr,' ac wrth ei gweld hi'n crio'n waeth, ychwanegais:

'Ella mai dim ond neithiwr fuo fo efo hi, a 'deith o ddim eto.'

'O! eith,' meddai Eli, 'maen nhw'n mynd i briodi!'

'Eli, bach, paid â gneud môr a mynydd . . .'

'Wel, darllan hwnna, 'ta,' sgrechiodd Eli, a lluchiodd lythyr

---

goleuadau uwch-las: *ultra-violet lights*
coleg hyfforddi: *training college*
aeth i'w gilydd: *she withdrew*
trydanu: *to electrify*
'sgwn i: h.y. ys gwn i, tybed, *I wonder*
coelio: credu
ysu: *to crave, to itch*

sur: *sour*
boddhad: *satisfaction*
cyflwr: *condition*
brathiadau: *stabs*
môr a mynydd: *a mountain out of a molehill*
lluchiodd: *she flung* (lluchio)

ataf—llythyr yr oedd hi wedi ei gael gan Marc y bore hwnnw. Eglurai'r llythyr gyflwr Eli. Dywedai Marc wrthi fod Gwenllian ac yntau am briodi. Roedd yn rhaid iddyn nhw!

Aeth Eli i ffwrdd i'r Brifysgol ddiwedd yr haf, a minnau i un arall, a welais i mohoni hi o gwbl tan wyliau'r Pasg canlynol. Fu hi ddim gartref o gwbl yn ystod gwyliau'r Nadolig, ac ni soniai ei nain hi air amdani wrth neb. Yn wir, yr oeddwn wedi anghofio bod y greadures mewn bodolaeth, a doeddwn i ddim yn disgwyl ei gweld hi y pnawn hwnnw o Ebrill yn y dref. Wnes i mo'i hadnabod hi ar unwaith, a doedd hynny ddim yn rhyfedd oherwydd y fath newid a oedd wedi dod drosti. Roedd ei gwallt cwta hi'n ir a dryslyd a'i hwyneb crwn hi'n fain a llwyd, a'i llygaid bach hi'n ddwl ac yn bell. Gwisgai ddillad hipi. Wedi dweud 'Helô' a gofyn sut oedd hi, fedrwn i feddwl am ddim i'w ddweud. Gofynnais sut oedd hi'n licio yn y Brifysgol a buom yn siarad am hynny am rai munudau. Yna, gan feddwl llenwi'r bwlch rhyngom, dywedais ddarn o newydd wrthi a fuasai, yn fy nhyb i, yn ei phlesio:

'Ro'n i'n clwad fod Gwenllian 'di gadal Marc. Doedd 'na ddim byd rhyngddyn nhw, medda nhw.'

Ond os disgwyliais weld ei wyneb yn goleuo ar glywed y geiriau hyn, cefais fy siomi. Yn hytrach, edrychodd yn boenus, a dywedodd:

'Druan o'r babi.'

Teimlais fy hun yn cochi a phrysurais i sôn am rywbeth arall. Cochwn o gofio'r hyn a wyddai pawb am Eli. Bu raid i fam a thad Eli, hwythau, briodi, oherwydd Eli. Sais oedd ei thad hi, a ganed hi yn Lloegr. Ond, gadawodd tad Eli ei wraig a'i blentyn pan oedd hi'n ddeunaw mis oed ac ni ddaeth yn ôl. Bu mam Eli yn brwydro i ofalu am Eli am rai misoedd ar ôl hynny, ar ei phen ei hun. Aeth hi ddim am gymorth at ei mam i Fron Pwll, ychwaith gan iddynt ffraeo ar ôl i'r hen wraig glywed am y babi. Ond diau

---

eglurai'r llythyr: *the letter explained* (egluro)
cyflwr: *condition*
canlynol: *following*
bodolaeth: *existence*
cwta: byr
ir: *greasy*

dryslyd: *tangled*
main: tenau
yn fy nhyb i: *in my opinion*
brwydro: *to fight*
ffraeo: *to quarrel*
diau: *doubtless*

fod nain wedi edifarhau llawer dros droi ei merch ei hun tros y drws, oherwydd fe fu yn ddrwg iawn pan ddaeth y newydd iddi fod mam Eli wedi ei lladd ei hun, a derbyniodd Eli i'w thŷ a magodd hi.

Y peth cyntaf a ddywedodd mam pan gerddais i mewn i'r tŷ ar ôl bod yn siarad efo Eli oedd:

'Welist ti Eli y tro 'ma? Am olwg sy arni hi, 'te? A 'sdi be, ma' nhw'n deud 'i bod hi ar *drygs*. Wt ti'n meddwl ei bod hi?'

'Yndw!'

Dw i'n teimlo'n rhyfedd y bore yma. Dw i wedi bod yn eistedd yma ers oriau yn meddwl. Dwn i ddim sut ydw i'n teimlo yn iawn. Y mae rhai misoedd wedi mynd heibio er y diwrnod hwnnw o Ebrill pan welais i Eli yn y dref, a heddiw, mae pawb ym mhob man yn y pentref yn sôn amdani. Y chdi ydi testun pob sgwrs ym mhob tŷ a siop yma, heddiw, Eli. Fuost ti erioed mor bwysig o'r blaen. Chefaist ti erioed y fath sylw. Ond O, mae o'n gymaint o drueni fod yn rhaid i ti farw cyn cael y sylw yna fuost ti ei angen cymaint ar hyd dy fywyd, ond oedd yn mynnu dy osgoi di o hyd, fel had tomato o dan fforc. Maen nhw'n dweud yn y pentref heddiw fod Eli wedi ei lladd ei hun. Eli wedi lladd Eli. Mae'r newydd wedi codi pwys arna i. Mae pawb yn methu â deall beth ddaeth dros dy ben di, Eli. Maen nhw'n dweud ei fod o'n bechod o'r mwyaf i dy ladd dy hun. Ond, am unwaith, dydw i ddim yn dy feio di. Does neb yn gwneud dim heb reswm, ac os oes rhai yn mynnu dy fod o dy bwyll yn gwneud y fath beth—wel, dyna, i mi, yw dy reswm ac mae rhywbeth wedi achosi'r ffaith dy fod o dy bwyll. Wnest ti ond dy ladd dy hun yn anuniongyrchol, Eli—mae llawer i berson a digwyddiad wedi cyfrannu at dy farwolaeth, ac rydw i yn un ohonynt. Wnes i ddim dy boeni di fel Gwenllian, ond efallai fod fy nheip i'n waeth na'i theip hi. Un o'r rhai hynny ydw i na wnâi ddim drwg i neb, ond na wnâi ddim da ychwaith.

Ond, beth ydw' i haws â mynd ymlaen fel hyn? Mae Eli wedi

---

edifarhau: *to repent, to be sorry*
'sdi be (G.C.): h.y. wyddost ti beth, *you know what* (gwybod)
osgoi: *to avoid*
had: *seed*
codi pwys: *to sicken*

mynnu: *to insist*
o dy bwyll: *insane*
yn anuniongyrchol: *indirectly*
cyfrannu: *to contribute*
beth ydw' i haws â . . . ? (G.C.): *what am I the better for . . . ?*

marw . . . A bore heddiw, rydw i'n methu â thynnu fy llygaid oddi ar Fron Pwll. Mae nain Eli wedi cau'r llenni a chau'r drws. Mae hi wedi mygu'r tŷ fel na fedr o ddim na gwenu na wincio ddim mwy.

---

mygu: *to smother*

Harri Pritchard Jones
Storïau'r Dydd 1968

Gwylnos

Roedd gwylio'r pendil glaw ar ffenestr yrru'r bws bron â'i lesmeirio. Dewisodd y sedd flaen, yn union y tu ôl i'r gyrrwr, er mwyn cael bod ar ei ben ei hun. Roedd y strydoedd heno yn llawn goleuadau bach yn tarfu ar y tywyllwch, a'r glaw yn eu chwalu a'u hasio'n aflêr, cyn i'r pendil eu dadlennu eto. Dim ond mewn pryd y sylweddolodd o ei fod wedi cyrraedd y Castell. Rhuthrodd ar hyd y bws a neidio i'r palmant prysur. Safodd am ennyd, ac yna dychwelodd ychydig o'r ffordd ar hyd Heol y Frenhines ac i mewn i'r Cwm Taf. Doedd y lle ddim hanner mor llawn ag y disgwyliai, o gofio nad oedd ond tridiau o siopa tan y Nadolig. Heno y dylai o fod wedi mynd adref am y gwyliau; cychwyn am Bont-y-pŵl, newid yno a newid wedyn yn Amwythig. Medrodd osgoi hynny o ddiflastod beth bynnag.

'Beth ti am, cariad?'

'Hanner o'r *Rhymni*, os ca i.'

'Dau funud.'

Mae yna ryw fantais o ddŵad i le yn aml. Cyfartaledd yr oedran dipyn yn uwch nag arfer heno. Fydden ni ddim yn sylwi llawer ar y bobl yma yn y cadeiriau o amgylch y muriau ac wrth y tân bach yna fel arfer, a ninnau'n griw stwrllyd a hunanhyderus wrth y bar. Mi fuasai hi'n anodd i'r ddwy hen wreigan yna glywed ei gilydd tasa ein criw ni yma'n bloeddio canu heno. Ond efallai eu bod nhw'n teimlo'n hapusach efo'r argae o sŵn o'u cwmpas. Heno roedd yn rhaid iddyn nhw fân-sibrwd dros eu diod a'u

---

gwylnos: *vigil*
pendil glaw: *windscreen wiper*
llesmeirio: *to hypnotize*
tarfu ar: *to disturb*
chwalu: *to disperse*
asio: *to join*
yn aflêr: *untidily*
dadlennu: *to expose*
ennyd: tipyn

Amwythig: *Shrewsbury*
mantais: *advantage*
cyfartaledd: *proportion*
stwrllyd: swnllyd
hunanhyderus: *self-confident*
gwreigan: gwraig
bloeddio canu: *to yell*
argae o sŵn: *barrage of noise*
mân-sibrwd: *to half-whisper*

negeseuau, a throi bob hyn a hyn i weld a oedd rhywun yn gwrando. Doedd dim rhaid iddyn nhw boeni: y teledu oedd yn dwyn bryd y rhan fwyaf o'r cwsmeriaid er, yn ôl arfer rhai tafarndai, nad oedd y sŵn wedi ei droi ymlaen.

Eisteddodd Gwyn ar ôl gweld nad oedd y ferch tu ôl i'r bar yn debyg o gael amser i sgwrsio efo fo, a chafodd ei hun wrth ochr gŵr eiddil, tua deg a thrigain oed neu fwy. Roedd ganddo hen siwt o frethyn tew a chôt fawr yn hongian o'i ysgwyddau i'r llawr. Ar draws ei wasgod a'i ddwylo nerfus gorweddai giard oriawr aur. Gellid gweld lle'r oedd ei het wedi smwddio ei wallt tenau ar ochrau ei ben. Tynnodd Gwyn bapur newydd nosweithiol o'i boced a dechrau ei ddarllen, ond diflasodd yn fuan ar y manion ynddo, a rhoddodd o i lawr ar y bwrdd o'i flaen. O gil ei lygaid gallai weld fod yr hen ŵr wrth ei ochr yn pendwmpian, a'i ben yn siglo'n ôl ac ymlaen fel mandarin tegan, a dôi'r ddwy hen wreigan i'r golwg y tu ôl i'w wegil yn ysbeidiol.

Yr ochr arall i'r ystafell, gyferbyn â'r tân, roedd yna hen wraig, fel un o bâr â'r hen ŵr, yn eistedd y tu ôl i wydraid a photel Guinness wrth ei hochr. Er mawr syndod i Gwyn sylweddolodd mai *Llais Chwaraeon* oedd y papur yr oedd hi wedi ymgolli ynddo ac yn ei farcio â phensil. Roedd ei llygaid yn sionc a chnawd ei hwyneb yn fywiog o gadarn. Dynes fach oedd hi, a thybiodd Gwyn mai powdwr rhuddem a roes y gwrid ar ei boch. Roedd ei chôt yn siapus, yn denau a diaddurn, ond yn amlwg yn hen gan fod y rhimyn o ffwr o amgylch y goler wedi gwisgo'n druenus. Ar ei phen gwisgai het wellt ddu, sgwaraidd a chlwstwr o geirios gwêr yn hongian ar y tu blaen iddi. Dillad priodas ryw dro efallai. Yn ôl y craciau arnyn nhw a'r draul ar eu sodlau, mae'n debyg mai ei hesgidiau bob-dydd oedd am ei thraed. Cyn bo hir daeth fersiwn tebyg o'r ddynoliaeth i mewn ati, wedi ei gwisgo mewn côt dewach a chôt law blastig dros honno wedyn. Roedd ganddi het o

---

bryd: *mind, attention*
eiddil: *feeble*
brethyn: *cloth*
giard oriawr: *watch chain*
manion: *trivia*
cil: *corner*
pendwmpian: *to doze, to slumber*
gwegil: *nape of the neck*

yn ysbeidiol: *occasionally*
sionc: *lively*
powdwr rhuddem: *blusher*
gwrid: *flush*
diarddurn: *without decoration*
ceirios gwêr: *wax cherries*
traul: *wear*
dynoliaeth: *mankind*

blu, yn cofleidio'i phen ac yn dangos mor fawr oedd ei chlustiau hi. Cododd y llall i brynu diod iddi; daeth â gwydraid o bort i'r bwrdd a dechreuodd y ddwy glebran yn braf.

'Esgusodwch fi,' meddai ei gymydog, 'cha i ddim menthyg y papur 'na am funud gennych chi?'

'Cewch â chroeso.'

Llais gogleddol, tybiodd Gwyn, cyn ymneilltuo i'w gwmni ei hunan. Pwy ddywedodd fod pawb yn dechrau siarad efo fo'i hun y munud y bydd ar ei ben ei hun? Wel, dwi wedi siarad mwy efo fi fy hun y dyddiau diwethaf yma na dwi wedi'i wneud erstalwm iawn—ers fy llencyndod, mae'n debyg. Crwydro'r strydoedd cefn yma yn ardal Bute, gan groesi canol y ddinas wedyn drwy Dreganna er mwyn osgoi cyfeillion. Dal bws i fyny i'r Wenallt yn y bore a chrwydro fan'no eto. Ond heno dwi'n teimlo'n saffach, a phawb o'm cydnabod, bron, wedi mynd adref dros y gwyliau. Fuo fi erioed mewn trwbl fel hyn o'r blaen. Duw, Duw, be wna i? Fedra i ddim dweud wrth y teulu. Na, feiddia i ddim dweud wrthyn nhw. Dwi ddim am ganiatáu imi fy hun sylweddoli ei fod o'n wir. Blynyddoedd i geisio ffurfio'r clai: fy rhieni, fy athrawon a'm cyfeillion a minnau, yn ôl gwahanol obeithion ac uchelgeision. A rŵan, pan mae'r ffurf yn dechrau ymrithio o ddifrif, a'r olwyn yn arafu, cyn i'r clai galedu'n wir, dyma hyn wedi digwydd. Myn uffern. Dwi 'di gwyro o'r llwybr o'r blaen, wedi bradychu pob delwedd sawl tro, dwi'n gwybod. Ond mae hwn yn wahanol. Mae hwn yn derfynol. Byddai'n rhaid ymaddasu i hwn, a phawb arall o'm cwmpas hefyd. Does dim digon o ruddin ynof i ddal peth felly. Ond be uffern wna i? 'Sa'n well gen i ddiflannu na wynebu pethau; ar un o'r llongau i lawr yn y dociau efallai, neu hyd yn oed yn gyfan gwbl. Am wn i na fuasai'n well ganddyn nhw hefyd petawn i'n diflannu, na 'mod i'n dŵad â gwarth ar y teulu. 'Sdim byd i'w wneud ond . . .

---

plu: *feathers*
cofleidio: *to hug*
clebran: *to chatter*
ymneilltuo: *to retire*
llencyndod: *adolescence*
cyfeillion: ffrindiau
cydnabod: *acquaintance*
feiddia i ddim: *I daren't* (beiddio)
uchelgeision: *ambitions*

ymrithio: *to materialize*
myn uffern: *bloody hell*
gwyro: *to stray*
bradychu: *to betray*
delwedd: *image*
terfynol: *final*
ymaddasu: *to adapt, to adjust*
rhuddin: calon
gwarth: *shame*

'Diolch yn fawr, 'machgen i. Mae hi'n ddistaw yma heno 'n tydi?'

'Ydi'n wir. Dach chi'n dŵad o'r gogledd yn ôl eich acen.'

'Wel ydw'n wir. Er 'mod i lawr 'ma ers blynyddoedd rŵan. O ble dach chi'n dŵad?'

'O wrth ymyl Caernarfon. Tre'r-waun.'

'Wel, wel. O Gerrigydrudion dwi'n dŵad. Be dach chi'n wneud lawr yma? Yn y coleg?'

'Ia, 'na chi. Gym'rwch chi ddiod arall?'

'Wel, diolch yn fawr.'

Aeth Gwyn i nôl peint bob un iddyn nhw.

'Hwyl ichi, 'machgen i, a diolch. Mi rown i'r byd am fod ych oed chi rŵan, gwnawn yn wir. Roeddwn i 'di bod ar y môr yn hwylio o Lerpwl am chwe blynedd pan oeddwn i'ch oed chi, a 'di bod ar yr eigion i ymweld â phob cyfandir. Dwi'n cofio un tro . . .'

Ar ei waethaf roedd meddwl Gwyn yn diflasu ar y sgwrs, ac fel yr âi'r henwr ymlaen ac ymlaen â'i hunangofiant, gan gofio'i ddyfodiad i Gaerdydd, ei briodas a magu teulu, y teulu'n gadael y nyth ac yn ymsefydlu yn Lloegr a Chanada, ac yntau wedyn yn colli ei gymar yn fuan ar ôl ymddeol. Roedd y darn diwethaf, lle y canolbwyntiai ar ei ofidiau fel gŵr gweddw tlawd, yn foddion i ddwysáu iselder Gwyn ac ni ddywedai ddim namyn ambell 'Tewch; dew, dew', o borthiant i berorasiwn yr hen ŵr. Doedd o ddim wedi dweud wrth wraig y lletty eto nad oedd o'n mynd adref am y gwyliau. Os byddai o yna bore fory byddai'n rhaid ei hwynebu. Rhaid iddo benderfynu beth i'w wneud.

Roedd y ddwy ar yr ochr arall i'r hen ŵr wedi mynd allan eisoes gan ddymuno'n dda i'r ferch tu ôl i'r bar, ac roedd y lle bron yn wag ar wahân iddyn nhw ill dau a'r ddwy gyferbyn oedd yn dechrau ymysgwyd a galw am barsel bach bob un i fynd adref gyda nhw. Trodd y rheini a dychwelyd â'u parseli hirsgwar dan eu ceseiliau. 'Gwyliau llawen ichi'ch dau. Gobeithio y gwelwn ni di

---

eigion: *ocean*
cyfandir: *continent*
ar ei waethaf: *in spite of himself*
cymar: *partner*
gŵr gweddw: *widower*
moddion: *means*
dwysáu: *to intensify*

namyn: *ond*
porthiant: *support, sustenance*
perorasiwn: *oratory*
ymysgwyd: *to stir*
hirsgwar: *rectangular*
ceseiliau: *armpits*

yma nos fory efallai. Hwyl nawr, ac i chi, del. Nos da, Jinny.'
Daeth cilwynt oer drwy'r drws wrth iddo siglo ar ei golfachau ar
eu holau nhw, a dechreuodd Gwyn hel ei bethau ato.

'Mae hi'n amser i chi fynd adref rŵan, taid.' Roedd wyneb yr
hen fachgen wedi mynd yn llipa, a glafoerion yn oedi ar gongl ei
geg. Y gwythiennau ar ei ddwylo pleth yn llawn a glas yn erbyn ei
groen memrynaidd, gwelw. Roedd yna ddafn da o gwrw ar ôl yn
ei wydr, heb ei yfed.

Mae e'n waeth nag arfer heno,' meddai'r ferch tu ôl i'r bar.
'Smo fi 'di'i weld e fel hyn ers tro byd. Bu rhaid inni mofyn
plismon pryd 'ny i fynd ag e tua thre.'

'Na, na, peidiwch â gwneud hynny, da chi. Ble mae o'n byw?
Mi a' i â fo adref.'

'Wel, ware teg ichi, weda i. Lawr tu cefn i'r Windsor, lawr y
dociau, mae e'n byw. Mae stafell 'da fe yno; mae e'n disgwyl ar ôl
'i hunan, ac yn dod lan yma cyn gweithio'r nos fel gofalwr yn y
darn newydd o'r coleg 'na sy yn y parc. 'Sdim tylwyth 'da fe, wi'n
credu, y creadur.'

Daeth y ferch i'w helpu i'w godi o a rhoi ei fraich dros ysgwydd
Gwyn. Sylwodd Gwyn arni'n sleifio paced ugain o sigaretl i boced
ddofn yr hen fachgen. Syrthiodd un pen i'r giard o boced ei
wasgod, ac wrth ei ddychwelyd daeth yn amlwg nad oedd oriawr
ar unrhyw ben iddo. Ffarweliodd Gwyn â'r ferch
a chychwynnodd drwy'r strydoedd cefn i gyfeiriad y dociau.
Doedd yr hen fachgen ddim yn drwm iawn, yn syfrdanol o ysgafn
a dweud y gwir, a cheisiai ddefnyddio ei draed bob yn hyn a hyn
gydag ochenaid. Deffrodd yn araf dan ddylanwad yr oerni garw,
a gallodd heglu ei ffordd o'r bont reilffordd heb bwyso gormod ar
Gwyn. Pan ddaethon nhw at ymyl Stryd Stuart dechreuodd
fwngial yn aneglur a chwifio'i law rydd. Deallodd Gwyn yn y man

---

cilwynt: *draught*
colfachau: *hinges*
hel (G.C.): casglu
llipa: *limp*
glafoerion: *dribbles*
oedi: *to linger*
gwythiennau: *veins*
dwylo pleth: *entwined hands*
memrynaidd: *parchment-like*
gwelw: *pale*

dafn: *drop*
smo fi (D.C.): dydw i ddim
tua thre (D.C.): h.y. tua thref, adref
tylwyth (D.C.): teulu
yn syfrdanol: *surprisingly*
bob yn hyn a hyn: *every now and again*
ochenaid: *a sigh*
heglu ei ffordd: *to make his way*
mwngial: *to mumble*
yn y man: *presently*

mai amneidio yn ôl ar hyd y ffordd y daethon nhw yr oedd o. Cymerodd yr hen ŵr ei wynt yn ddwfn ac yna sibrydodd: 'Rhif un saith dau, y llawr uchaf. Diolch ichi, 'machgen i.' A gollyngodd ei ên i'w frest eto.

Bustachodd Gwyn a'i lwyth i fyny'r grisiau llwm ar ôl cael hyd i'r tŷ, a chafodd allwedd y drws ym mhoced wasgod yr hen ŵr. Daeth rhyw ddyn du a'i ferch allan o un o'r stafelloedd a chau drws ar sŵn parti. Gadawodd y dyn ei ferch yn pwyso'n erbyn y mur yn syn, a daeth i helpu Gwyn. Rhoddwyd yr hen fachgen i orwedd ar ei wely, ac yna aeth y dyn du heb ddweud gair, dim ond gwenu'n dyner cyn cau'r drws. Eisteddodd Gwyn ar y gadair wrth y ffenestr. Doedd yno ddim lle i droi bron. Hongiai côt law a siaced frethyn ar beg y tu ôl i'r drws, ac mewn congl arall roedd yna stof fechan baraffîn a thegell arni. Ar fwrdd bach wedi ei orchuddio ag oelglwt roedd tamaid o dorth, hanner pwys o fargarîn wedi ei agor, cyllell a llwy de. Roedd y bwlb trydan wedi casglu saim a llwch nes bod to uchel y stafell mewn mwy o gysgod na gweddill y lle. Brawychwyd Gwyn o weld y dillad gwely'n bygddu ond mynnodd godi a thynnu dillad uchaf a choler yr hen fachgen, a'i droi i un ochr i godi dillad y gwely drosto. Drwy gydol y broses daliai i ochneidio'n dawel ac agorai ei lygaid hurt bob hyn a hyn. Eisteddodd Gwyn eto a gwrando ar anadlu'r henwr yn ymsefydlu i ryw fath ar rythm ac yna'n tawelu, a'i gorff yn ymlacio i'r fatres. Yna aeth drosodd i wrando eto ar ei anadlu, a theimlodd y curiad yn ei arddwrn cyn penderfynu ymadael. Cerddodd at y ffenestr i edrych i lawr ar y stryd, a sylwodd ar Feibl a Llyfr Emynau llychlyd ar y silff. Wrth iddo fynd i lawr y grisiau roedd yn rhaid iddo dorri drwy glwstwr o bobl yn ymdywallt o'r parti. Croesawodd yr awel oer ar ei wyneb a throdd i edrych ar y cloc ar dŵr y stordy gerllaw. Chwarter i un. Aeth Gwyn i lawr at lan y dŵr ger y cei lle hwyliai'r llongau am Wlad

---

amneidio: *to nod, to beckon*
gollyngodd ei ên: *his jaw dropped* (gollwng)
bustachodd G. a'i lwyth: *G. and his load*
    bungled (bustachu)
llwm: *bare*
gorchuddio: *to cover*
oelglwt: *oilcloth*
saim: *grease*

brawychwyd G.: *G. was frightened* (brawychu)
pygddu: *pitch-black*
hurt: *dull, dim*
curiad: *pulse*
arddwrn: *wrist*
llychlyd: *dusty*
ymdywallt: *to pour out*

yr Haf. Roedd y môr yn eithaf tawel a hithau'n noson olau leuad. Syllodd yn hir ar adlewyrchiad y sêr a'r lloer gan gofio unwaith eto am ei broblemau diddatrys. Roedd y môr yn ymddangos yn gynnes a chlyd. Nid yw'r môr byth yn creithio, dim ond atsain ergyd mewn crychiad yn ymestyn allan yn donnau mân nes ymgolli eto yn llyfnder llonydd y dŵr. Daeth awel gryfach i darfu ar ei fyfyrio ac i chwalu golau'r lloer yn deilchion ar y dŵr. Trodd Gwyn a cherddodd yn gyflym am ychydig, a daeth y cylchrediad yn ôl i'w aelodau merwinaidd. Roedd pobl yn dal i symud ar hyd y strydoedd, ac ambell longwr yn ymlusgo'n chwil neu'n lluddedig yn ôl i'w long. Cyfnod mor fyr yw'r nos i lawr yma yn y dociau. Pobl ar eu hynt o hyd. Cymdeithas frych wedi ei hasio at ei gilydd gan dlodi a chyni. Pobl yn ymgolli yng nghwmni ffraeth tafarndai'r llongwyr, a phuteiniaid yn eu hafiaith a'u diod. Fuasai hi ddim yn broblem o gwbl i lawr fan'ma.

Mae dyn yn siŵr o frifo rhywun bob munud ac uffern o beth ydi gorfod cymryd cyfrifoldeb parhaol am un camgymeriad, ond mi fu bron iddo fo fynd i'r eithaf hunanol heno.

Roedd yr awel yn wlyb o luwch y môr, a'i fochau yntau'n llaith ac oer. Aeth cryndod drwyddo, ond teimlai'n fwy effro nag ers tro, a'i feddwl yn gliriach. Roedd hi rŵan wedi troi un o'r gloch. Doedd dim amdani, nac oedd, ond cychwyn tuag adref.

---

adlewyrchiad: *reflection*
diddatrys: *insolvable*
clyd: *cosy*
creithio: *to scar*
atsain: *echo*
crychiad: *crease*
llyfnder: *smoothness*
chwalu: *to disperse*
deilchion: *fragments*
cylchrediad: *circulation*
merwinaidd: *numb*
ymlusgo: *to crawl*

chwil (G.C.): *drunk*
lluddedig: blinedig
ar eu hynt: *on their travels*
brych: *motley*
cyni: *adversity*
ffraeth: *witty*
puteiniaid: *prostitutes*
afiaith: *zest, mirth*
lluwch: *spray*
llaith: *damp*
cryndod: *shiver*

Alun T. Lewis
Y Piser Trwm

Colledion Rhyfel

Arafodd y tacsi o flaen y gwesty. Neidiodd y gyrrwr allan, a rhedeg heibio i'w drwyn i agor y drysau.

Yr oedd yn smwc o law, a thaflodd y tair merch ifanc bob un ei macintos dros ei phen a'i hysgwyddau, a chodi godre eu gwisgoedd llaesion cyn camu'n ofalus o'r cerbyd a rhedeg ar draws y palmant i gysgod porth y gwesty.

Daeth y gyrrwr ar eu hôl.

'Faint o'r gloch?' gofynnodd.

'Hanner awr wedi un,' meddai un o'r lodesi, a chwilio yn y ffetan o ledr coch a grogai wrth strap dros ei hysgwydd.

Rhoes gildwrn iddo.

'Diolch,' ebe yntau, a tharo pig ei gap â'i fys, 'hanner awr wedi un i'r funud.'

'Chaiff Megan ddim cyfle i roi cildwrn iddo fo ar y ffordd adra heno, mae'n siŵr,' ebe un o'r ddwy ferch arall.

'Na cha' gobeithio,' ebe Megan a thynnu ei macintos, ac ysgwyd y glaw mân oddi arni wrth ddrws y cyntedd, 'rydw i'n mynd i fwynhau fy hun heno.'

'Well i ni roi llyffethair arni hi, dwad?' ebe Olwen, gan wenu.

'Hy! Llyffethair!' ac ysgydwad arall i'r facintos, 'ma'r hen ddafad yma'n ca'l neit owt heno, 'ngeneth i.'

'Os gwn i ydy'r blaidd wedi cyrraedd?' meddai Olwen yn gellweirus.

'Pwy?—O!—y fo! Os ydy o mae o yn y bar i ti, yn trio magu tipyn o blwc. Dowch, mi awn ni i mewn.'

---

trwyn (y tacsi): *bonnet*
yn smwc o law (G.C.): *drizzling*
godre: *hem*
llaesion: llu. llaes, hir
lodesi: merched
ffetan: sach
cildwrn: *a tip*

pig: *peak*
ysgwyd: *to shake*
llyffethair: *shackle*
blaidd: *wolf*
yn gellweirus: *jokingly*
magu tipyn o blwc: *to pluck up some courage*

Yr oedd y gwesty'n olau i gyd. Golau tyner gwasgarog drwy'r llenni gwyrddliw tenau a dynesid ar draws ffenestri'r neuadd ddawnsio, golau llachar y cyntedd a dafnau'r glaw yn ei ddal a'i adlewyrchu am eiliad cyn disgyn i laid yr heol, a'r goleuadau yn y llofftydd uwchben yn diffodd o un i un fel y gorffennai'r gwesteion ymdrwsio ar gyfer y ddawns.

O'r neuadd deuai sŵn erddigan acennog y band. Chwaraeent dôn ddolefus fel petai pob un ohonynt ymron torri ei galon am iddo orfod chwarae mewn ystafell wag. Nid oedd ond rhyw hanner dwsin o gyplau'n dawnsio—y bobl ddiwybod hynny a fydd yn mynd i ddawns yn brydlon. Er gwaethaf yr addurniadau lliwgar, a'r tanllwyth o dân coed yn un pen i'r ystafell, edrychai'r neuadd yn oer a digroeso.

Aeth y tair geneth heibio heb ddim ond prin roi cip i mewn, ac yn syth i'r ystafell wisgo i ymdrwsio ar ôl y siwrnai.

Pan ddaethant yn ôl drachefn yr oedd y neuadd yn rhwydd lawn, a dolefwyr y ffidil a'r sacsoffôn yn cymryd seibiant. Amgylchynid yr ystafell â byrddau bychain ar gyfer swper, a cherddasant oddi amgylch i chwilio am fwrdd gwag. Wedi cael un yng nghŵr pella'r neuadd eisteddasant i aros i'r band ail gychwyn y gainc.

Aeth Olwen ac Enid i ddawnsio gyda'i gilydd, ond ni bu Megan yn unig yn hir.

Daeth y blaidd o hyd iddi.

Gwelodd ef yn dod i mewn yn ei got big a'i wasgod wen, yn sychu ei wefusau â chadach sidan.

Buasai yn y bar!

Safodd am funud neu ddau yng nghyffiniau'r drws, ac edrych o'i gwmpas yn hamddenol, â'i ddwylo yn ei bocedi.

---

gwasgarog: *scattered*
a dynesid: *that had been drawn* (tynnu)
llachar: *bright*
dafnau: *drops*
adlewyrchu: *to reflect*
llaid: baw, *mud*
llofftydd (G.C.): ystafelloedd gwely
diffodd: *extinguish*
gwesteion: *guests*
erddigan: *rhythm*

dolefus: *mournful, plaintive*
yn brydlon: *promptly*
addurniadau: *decorations*
tanllwyth o dân coed: *roaring log fire*
cip: *a glance*
drachefn: *eto*
seibiant: *a break*
cwr: *corner*
cainc: tôn
cadach: *handkerchief*

Gwelodd Megan ac anelu'n syth amdani.

Gwyliai hithau ef yn gwau ei ffordd rhwng y cyplau tuag ati.

'Helô,' meddai, 'ar eich pen eich hun?'

'Na,' ebe hithau a swnio braidd yn betrusgar, 'mae Olwen ac Enid ar y llawr yma yn rhywle.'

'O,' ebe'r blaidd a chogio gwneud osgo i fynd i ffwrdd, 'hwyrach fod yna le yn y gornel arall acw.'

'Wel,' ebe Megan, yn fwy sydyn y tro yma, 'mae yna le i bedwar wrth y bwrdd yma. Raid i chi ddim mynd.'

Gwenodd arno.

Edrychai'n hudol dros ben yn ei gwisg laes o sidan du, yn dynn fel croen yn y top, ac yn blygion o'r wasg. Rhwng ei dwyfron gwisgai flodyn camelia claerwyn yn crogi wrth gadwyn arian am ei gwddf, a'i sicrhau wrth gwr ei gwisg.

Symudodd blygion ei gwisg i wneud lle iddo eistedd wrth ei hochr.

Dyn gwritgoch ydoedd, hytrach yn dew, a'i wallt yn rhyw ddechrau britho uwchben ei arleisiau; masnachwr dilladau llwyddiannus mewn tref gyfagos, a dyn dibriod. Yr oedd ei wefusau'n llawn a synhwyrus.

Ei oed? Wel! Gallai fod yn bymtheg ar hugain. Ac wedyn, gallai fod yn llawer nes i hanner cant!

Eisteddodd a thynnu blwch aur o'i logell.

'Gymerwch chi sigarét?' gofynnodd.

Wrth blygu i gymryd sigarét o'r blwch, arogleuodd Megan sawr y gwirod ar ei anadl.

Wisgi oedd ei hoff ddiod, ac yfai lawer ohono. Ond ni fyddai byth yn meddwi. Dyn busnes ydoedd, ac ni all dyn busnes fforddio ymgolli mewn cyfeddach ac anghofio'r fargen. Dyna pam y llwyddodd. Dyna pam y llwyddai mor aml i gyrraedd ei nod.

---

anelu: *to aim*	britho: *mynd yn llwyd*
petrusgar: *hesitant*	arleisiau: *temples*
cogio: *to pretend*	masnachwr: *dealer*
osgo: *gesture*	synhwyrus: *sensitive*
hudol: *enchanting*	blwch: *box*
plygion: *pleats*	llogell: *poced*
gwasg: *waist*	sawr: *smell*
claerwyn: *brilliant white*	gwirod: *liquor, spirits*
cadwyn: *chain*	cyfeddach: *revelry*
gwritgoch: *ruddy*	nod: *goal*
hytrach: *rather*	

Dawnsiodd y ddau y ddwy ddawns nesaf gyda'i gilydd ac yna awgrymodd Williams fynd i'r bar am ddiferyn bach i godi archwaeth at swper. Yr oedd yr ystafell fechan ym mhen draw y rhodfa gul yn llawn, ac awel boeth yn taro yn eu hwynebau wrth iddynt gyrraedd y drws, ac ar yr awel honno amrywiaeth o arogleuon; cwrw, gwirodydd, chwys a pheraroglau'r merched yn un gymysgfa lethol.

Nid oedd yno le i eistedd, a gwthiodd Williams ei ffordd rhwng y byrddau a'r cadeiriau metel. Yr oedd yn ei elfen, a chanddo ateb parod i ffraethebau'r gloddestwyr, a chlewt ar ei gefn i ambell gyfaill wrth ymwthio heibio. Tynnai Megan ei gwisg ati, rhag ei difwyno gan y golchion ar ambell fwrdd lle y buasai rhywun trwstan yn llymeitian.

'Beth gymerwch chi?' gofynnodd Williams, wedi llywio Megan i'r bar.

'Wn i ddim, "gin and ti", "gin and lime",—beth?'

'Twt, gadewch i mi ddewis,' ebe Williams, ac yna 'Two Blue Danubes', wrth y dyn y tu ôl i'r bar.

Aeth y ddau yn bedwar, a'r pedwar yn chwech.

Teimlai Megan fel pe bai'n cerdded ar yr awyr wrth fynd yn ôl i'r neuadd.

Yr oedd y cwmni'n dawnsio'r 'hôci côci'. Ymunasant hwythau yn y chwarae, ac yng nghanol y miri a'r gweiddi chwarddai Megan yn aflywodraethus.

'On'd tydy o'n beth braf bod yn wirion weithiau?' meddai. 'Grym annwyl, rydw i'n mwynhau'r ddawns yma.'

Buont yn y bar deirgwaith neu bedair wedyn cyn i law'r gyfraith gau'r drws—deirawr yn hwyrach nag arfer, gan fod y ddawns at achos da.

Âi Williams yn gochach, gochach yn ei wyneb, a pherlau mân o chwys ar ei dalcen a'i wefl. Ac âi Megan yn fwy penwan a didaro,

---

archwaeth: *appetite*
rhodfa: *aisle*
peraroglau: *perfumes*
llethol: *overwhelming*
ffraethebau: *witticisms*
gloddestwyr: *revellers*
clewt: *a slap*
difwyno: *to soil*
trwstan: *clumsy, awkward*

llymeitian: *to tipple*
llywio: *to steer*
miri: *merriment*
yn aflywodraethus: *uncontrollably*
gwirion: dwl, ffôl
grym annwyl (G.C.): *good gracious*
gwefl: gwefus, *lip*
penwan: *light-headed*
didaro: *heedless*

o rygnu Tuth-y-cadno i bendro'r Walts, a rhialtwch y Palais-Glide.

Ac felly y bu hyd y ddawns olaf, ac 'Auld Lang Syne,' a 'Duw Gadwo'r Brenin'.

Ar y ffordd adref ym modur Williams ni thorrai Megan ac yntau air â'i gilydd. Dim ond meddwl yn swrth gynhyrfus.

Peidiasai'r glaw, ac yr oedd lleuad lawn y naw nos olau yn llachar yn yr entrychion, a chymylau tenau, carpiog yn llithro ar draws ei hwyneb fel mwg.

Yn ymyl Coed-y-gopi arafodd Williams y car.

'Hylô,' meddai'n gellweirus, 'mae'r hen foi yn nogio. Mi fydd yn iawn ar ôl cael tipyn o orffwys.'

Tynnodd y brêc yn dynn, a'i law chwith wrth wneud hynny yn cyffwrdd â glin Megan.

Nis tynnodd oddi yno.

'Ddowch chi, ddowch chi am dro ar hyd y llwybr yna?' gofynnai, a rhyw nodyn newydd o daerineb yn ei lais. 'Mae hi'n rhy oer i aros yn ein hunfan yn y fan yma.'

Gwenodd Megan. Yr oedd y gwin o hyd yn cyniwair yn ei gwythiennau.

Disgynnodd Williams o'r modur ac estyn ei law i Megan. Yr oedd hithau'n ymwybodol o'r ias a'i cerddodd pan gyffyrddodd â hi.

Ar bwys y gamfa yr oedd bwndel o'r ysgubau hirgoes hynny a gedwir yn gyfleus gan bwyllgor y coedwigoedd, rhag difrod sydyn tân yn y planhigfeydd.

Safodd Megan yn simsan ar ben y gamfa, a phwyntio atynt â'i bys fel plentyn bach. Llyncodd ei phoer.

'Rhaid i mi—rhaid i mi gael un o'r rheina,' meddai.

---

rhygnu: *to jar, to grate*
pendro: *giddiness*
rhialtwch: hwyl
yn swrth: *sluggishly*
cynhyrfus: *exited*
entrychion: *firmament*
carpiog: *ragged*
nogio: *to stall*
nis tynnodd: thynnodd hi mohoni (tynnu)
taerineb: *earnestness*

cyniwair: symud
gwythiennau: *veins*
ias: *thrill*
camfa: *stile*
ysgubau: *sheaves*
a gedwir: sydd yn cael eu cadw
difrod: *damage*
yn simsan: *unsteadily*
llyncodd: *she swallowed* (llyncu)
poer: *spittle*

Yn drwsgl ddigon estynnodd yntau un iddi.

Llithrodd Megan i lawr y gamfa, a marchogaeth yr ysgub fel y bydd hogyn yn marchogaeth ffon ei dad.

''Drychwch arna i. 'Drychwch arna i,' gwaeddai, ei gwallt gwinau yn y gwynt, a'r ffrog laes yn llusgo o'i hôl ar y gwellt a'r llaid.

'Hen wrach y coed! Hen wrach y coed!'

'Blydi witch,' ebe Williams yn swta, a'i dilyn dros y gamfa i'r llain o dir rhwng y ffordd fawr a'r blanhigfa.

Torrodd sgrech sydyn tylluan uwch eu pennau.

W-h-w-w-w.

Gollyngodd Megan yr ysgub, a thynnu ei hanadl ati yn ochenaid gyflym. Safodd yno yn ei hunfan fel pe bai wedi ei pharlysu.

Rhedodd Williams ati a'i thynnu i'w freichiau. Dechreuodd ei chusanu'n wyllt; ar ei hamrannau, ar ei hwyneb, ar ei chlust, ar groen llyfn ei hysgwydd. Yr oedd ei wefusau'n boeth a sych.

Gollyngodd hi wedyn, ac edrych arni, o hyd braich megis, o'i phen i'w thraed.

'Dowch,' meddai, ac estyn ei law iddi.

Ar ffin y blanhigfa yr oedd cysgodion hir y pinwydd fel bysedd duon yn denu.

Cerddasant yn gyflym wedyn, law yn llaw, yn nwydus a thrwstan i'r tywyllwch o dan y coed.

*   *   *

Dringodd Megan risiau'r llety'n ofalus—fel y bydd plentyn bychan yn adrodd pennill, a rhoi pwyslais ar bob gair. Aeth i'w hystafell wely a chau'r drws, a dechrau tynnu oddi amdani yn y tywyllwch.

---

trwsgl: *clumsy, awkward*
gwinau: *brown, auburn*
yn swta: *abruptly*
llain: *strip*
tylluan: *owl*
gollyngodd M.: *M. dropped* (gollwng)

ochenaid: *a sigh*
amrannau: *eyelids*
llyfn: *smooth*
pinwydd: *pines*
denu: *to attract*
yn nwydus: *passionately*

Cleciai'r wisg sidan ddu wrth iddi ei thynnu dros ei hysgwyddau. Taflodd hi'n ddiseremoni ar y llawr a diosg ei dillad isaf.

Anghofiodd y camelia gwyn ar ei dwyfron.

Cerddodd at erchwyn y gwely, ac ymbalfalu yn y tywyllwch am ei gŵn nos. Wedi chwilio'n ofer, cofiodd iddi yrru parsel i'r londri y prynhawn hwnnw, a bod y rhai glân yn nrôr y bwrdd gwisgo.

Trawodd y golau, eisteddodd ar ystôl o flaen y bwrdd, ac agor y drôr, a chwilio ymhlith y pentyrrau twt o ddillad isaf. Aeth yn llonydd fel cerflun wrth deimlo rhywbeth caled ar waelod y drôr.

Tynnodd y darlun allan—darlun o lanc ifanc golygus mewn gwisg milwr, beret y 'tank corps' ar ŵyr ar ei ben, a gwên nwyfus ar ei wyneb.

Gosododd ei dau benelin ar ymylon y bwrdd. Cydiai mor dynn yn y ffrâm nes gwasgu'r gwaed o'i bysedd gwynion.

Yna cododd ei golygon a gweld ei chorff lluniaidd, noeth yn y drych. Disgynnai'r golau ar ei hysgwyddau a'i breichiau, a'r gweddill o'i chorff yn y cysgodion. Disgynnai ei gwallt gwinau, modrwyog o bobtu ei hwyneb. Edrychai'n hurt, a'i llygaid yn llonydd gan ing ac anobaith.

Codai a gostyngai ei bronnau gyda phob anadliad cyflym.

Ac yn y gŵys rhyngddynt gorweddai'r blodyn camelia, yn wyn, yn glaerwyn, yn bur.

Cododd yn wyllt, rhuthrodd ar draws yr ystafell i ddiffodd y golau, a'i bwrw ei hun ar ei hwyneb ar y gwely.

Wylai'n hidl, a'i chorff yn cael ei ddirdynnu gan ei hocheneidiau.

---

cleciai'r wisg sidan: *the silk dress crackled* (clecian)
diosg: *to take off*
erchwyn: ochr
ymbalfalu: *to grope*
yn ofer: *in vain*
pentyrrau: *heaps, piles*
cerflun: *statue*
ar ŵyr: *at an angle*

nwyfus: *lively*
lluniaidd: *shapely*
modrwyog: *ringleted*
hurt: twp, ffôl
ing: *anguish*
cŵys: *furrow*
wylai'n hidl: *she wept copiously* (wylo)
dirdynnu: *to rack, to torture*

94

Islwyn Ffowc Elis
Marwydos

Y Tyddyn

Fel llawer nofelydd Seisnig arall, fe ddaeth awydd arnaf innau i sgrifennu nofel am Gymru. I mi, yr oedd Cymru yn dir glas yn llenyddol, nad oedd nofelwyr a dramawyr ond prin wedi cyffwrdd â'i ymylon. Gwlad estron wrth fy nrws, a dyn a ŵyr pa nifer o nofelau mawr yn ei chymoedd yn disgwyl am lenor i'w rhoi rhwng cloriau. Chwiliais y llyfrau taith am ardal ac am dafarn lle byddwn i debycaf o gael deunydd. Dewisais y Bedol ym Mhont Oddaith.

Am yr ychydig ddyddiau cyntaf ym Mhont Oddaith, ni wneuthum i ddim ond cerdded i fyny ac i lawr yr un stryd wyngalchog, dadfeddwi o'r awyr fynyddig, a gwrando ar y pentrefwyr yn mwmial â'i gilydd yn Gymraeg. Ni chlywswn erioed gymaint o Gymraeg. Gyda'r nos, yr oeddwn gyda'r dynion yn y dafarn, yn prynu am beint bob hen chwedl gwlad a oedd ar gof a chadw, ac yn araf ddethol fy nghymeriadau ar gyfer yr hen dafarn fach a fyddai yn fy nofel i.

Un bore, wedi imi fod yno wythnos, awgrymodd Tomkins y Bedol imi fynd i fyny am dro hyd Lwybyr y Graig. Yr oedd yr olygfa o ben ucha'r llwybyr i lawr ar y dyffryn yn fythgofiadwy, meddai Tomkins. Fe fyddwn i'n siŵr o'i mwynhau.

Gyda bod y gawod drosodd, mi gychwynnais. I fyny'r stryd wyngalchog, drwy lwyn o goed, ac yna troi oddi ar y ffordd galed drwy lidiart, ac i fyny'r llwybyr hwyaf a gerddais i erioed. Fe'i gwelwn o'm blaen, yn nyddu fel neidr hyd fin y llechwedd moel, i fyny hyd at dwr o goed yn cyrcydu ar y gorwel grugog. Gan nad

---

awydd: *desire*
tir glas: *virgin ground*
cloriau: *covers*
gwyngalchog: *whitewashed*
dadfeddwi: *to sober up*
dethol: dewis
llwyn: *grove*
llidiart: giât
hwyaf: hiraf

nyddu: *to twist*
neidr: *snake*
min: *edge*
llechwedd: *slope*
moel: *bare*
twr: *a clump*
cyrcydu: *to squat*
gorwel: *horizon*
grugog: *heathery*

oedd ond Medi cynnar, a'r haul wrthi'n sychu'r gwlybaniaeth gloyw oddi ar y glaswellt mynydd, yr oeddwn yn chwys diferol cyn cyrraedd hanner y llwybyr. Ond yr oedd yr olygfa ar y dyffryn, fel y dywedodd Tomkins, yn fythgofiadwy.

Ym mhen ucha'r cwm, sythodd y llwybyr a saethu'n felynwyn o'm blaen, drwy'r grug yr oedd defaid yn codi ohono fel caws-llyffant gwynion, yn syth i fuarth tyddyn. Nid oedd dŷ na thwlc i'w weld yn unman ond hwnnw. Yr oedd y tŷ unicaf a welswn i erioed.

Yn sydyn, rhwygwyd yr awyr gan chwiban miniog, a dechreuodd y defaid o'm cwmpas sboncio dros y twmpathau grug a'i gwneud hi am y tyddyn, a fflachiodd coleri gwynion dau gi meinddu, un o boptu imi, yn y grug. Trois fy mhen i weld o ble y daeth y chwiban. Llai na chanllath oddi wrthyf, yn pwyso ar ffon fugail hwy na hi'i hun, safai merch.

Gwaeddais rywbeth arni ar draws y grug, ond nid atebodd. Yr oedd yn dal i syllu arnaf, fel petai am amddiffyn ei mynydd rhagof â'i ffon fugail fain. Cerddais yn araf tuag ati. Ciliodd hithau gam neu ddau yn ôl wrth imi nesáu. Aeth yr haul o'm llygaid ac yr oeddwn yn syllu ar yr eneth yr oeddwn wedi'i darlunio i mi fy hun ar gyfer fy nofel. Yr oedd ei llun gennyf mewn pensil ar ddarnau o bapur yn fy nesg gartref. Yr un osgo, yr un wyneb, yr un llygaid stormus, swil.

Fel dyn yn ceisio deffro o freuddwyd ac yn methu, gofynnais iddi beth oedd enw'r tyddyn y tu ôl iddi. Bu'n hir heb ateb, yn fy amau, hwyrach yn fy nghasáu.

'Blaen-y-Cwm,' meddai o'r diwedd, ac yr oedd ei llais yr un sŵn yn union â'r afon a glywn dros y boncen ar lawr y dyffryn.

'Yma'r ydych chi'n byw?' gofynnais.

---

gwlybaniaeth: *moisture*
gloyw: *shining*
glaswellt mynydd: *mountain grass*
chwys diferol: *dripping with sweat*
sythodd y llwybyr: *the path straightened* (sythu)
caws-llyffant: *toadstools*
buarth: *farmyard*
nid oedd dŷ na thwlc: doedd dim adeilad
rhwygwyd yr awyr: *the sky was torn* (rhwygo)
chwiban: *whistle*

miniog: *shrill*
twmpathau: *hillocks*
meinddu: du a thenau
canllath: *a hundred yards*
amddiffyn: *to protect*
ciliodd hithau: *she withdrew* (cilio)
osgo: *bearing, manner*
hwyrach: efallai
poncen (G.C.): *hillock*

Nodiodd ei phen.

'Beth ydi'ch enw chi?'

Gwibiodd ei llygaid. Yna tynnodd anadl wyllt, a throi, a rhedeg o'r golwg drwy lidiart y tyddyn. Ymlwybrais drwy'r grug a'r llwyni llus ar ei hôl.

Pan gyrhaeddais lidiart y buarth yr oedd dyn yn dod i fyny i'm cyfarfod. Yr oedd tyfiant tridiau ar ei ên, ac yr oedd ei ddau lygad yr un ffunud â dau lygad yr eneth.

'Bore da,' meddwn i wrtho.

'Bore da.'

'Chi ydi tad y ferch ifanc y bûm i'n siarad â hi gynnau?'

Rhythodd y dyn arnaf.

'Ddaru Mair siarad â chi?' meddai.

'Do,' meddwn i. 'Ydi hynny'n anghyffredin?'

'Mae'n anhygoel,' meddai'r dyn. 'Ddaw hi byth i olwg neb diarth. Dydi'r cymdogion, hyd yn oed, ddim wedi'i gweld hi ers blynyddoedd.'

'Cymdogion?' meddwn i, gan edrych ar hyd y milltiroedd moelydd heb weld tŷ yn unman.

'Dowch i'r tŷ,' meddai'r dyn.

Yn y tŷ yr oedd ei wraig, gwraig fach fochgoch, yn siarad fel lli'r afon, ac ambell air Cymraeg yn pelydru yng nghanol ei Saesneg carbwl. Cyn pen dim yr oedd lliain claerwyn ar y bwrdd a chinio'n mygu arno.

'*Come to the table and eat like you are at home. You want a* paned, *I know, after you climb Llwybyr y Graig.*'

Gwenais, a bwyta fel dyn wedi dod adref. Yr oedd fy nofel yn tyfu.

Buom yn sgwrsio ar hyd ac ar led, ac wrth ymadael gofynnais i'r dyn,

---

gwibiodd ei llygaid: *her eyes darted* (gwibio)

llus: *whinberries*

gên: *chin*

yr un ffunud â: *identical to*

rhythodd y dyn: *the man stared* (rhythu)

anhygoel: *incredible*

diarth: h.y. dieithr, *unfamiliar*

fel lli'r afon: fel pwll y môr, *nineteen to the dozen*

pelydru: *to radiate*

carbwl: *clumsy*

cyn pen dim: *before long*

claerwyn: *brilliant white*

mygu: *to steam*

ar hyd ac ar led: *at length*

'Beth am ddod i lawr i'r Bedol am lasaid heno ar ôl cadw noswyl?'

Cododd y dyn ei lygaid llymion a dweud,

'Dydw i ddim yn yfed.'

'Roeddwn i'n meddwl bod y Cymry i gyd yn yfed,' meddwn i.

Ysgydwodd ei ben.

'Byth er pan fu John Elias yng nghapel Saron,' meddai, 'mae'r arferiad pechadurus hwnnw bron wedi darfod o'r ardal.'

Meddyliais am y dynion yn Y Bedol bob nos.

'O wel,' meddwn i, 'maddeuwch imi am grybwyll. Diolch yn fawr ichi'ch dau am eich croeso. Wyddoch chi ddim faint o werth fu o i mi.'

Safodd y ddau yn nrws y tŷ yn fy ngwylio'n croesi'r buarth, a'r haul ar draws y drws yn eu torri yn eu hanner. Agorais lidiart y buarth, a'i chau, a symudodd rhywbeth yn y cysgod. Agorodd y cysgod a daeth Mair allan i'r haul, mewn ffrog laes at ei thraed.

'Ho,' meddwn i, 'wedi gwisgo yn nillad eich nain, rwy'n gweld.'

Yr oedd fy llais yn wastad, ond yr oedd fy ngwaed yn carlamu. Yr oedd hi'n enbyd o hardd. Syllodd hi'n syth i'm llygaid.

'Mi wn i pam y daethoch chi yma,' meddai. 'Ond chewch chi byth mohono' i. Dydw i ddim yn perthyn i'ch hiliogaeth chi. Os ceisiwch chi 'nhynnu i o'r mynydd, oddi wrth y defaid a'r gylfinir a'r gwynt, chewch chi ddim ond llwch ar eich dwylo. Gwell ichi f'anghofio i, anghofio ichi 'ngweld i erioed.'

'Ond Mair—'

'Peidiwch â 'nghyffwrdd i,' meddai, a chilio gam yn ôl. Ond yr oedd rhywbeth yn fy ngwthio tuag ati, fel petai rhywun o'r tu ôl imi yn cydio ynof ac yn estyn fy mreichiau tuag ati.

'Chewch chi mohono' i,' meddai eto, a chyda'r gair, troi, a rhedeg drwy'r grug, drwy'r haul, ar hyd y mynydd, a'i ffrog laes

---

glasaid: *a glassful* h.y. *a pint*
cadw noswyl: gorffen gwaith am y dydd
llymion: llu. llym, *sharp*
ysgydwodd: *he shook* (ysgwyd)
arferiad: *custom*
pechadurus: *sinful*
darfod: dod i ben
maddeuwch i mi: *forgive me* (maddau)

crybwyll: *to mention*
llaes: hir
gwastad: *level*
carlamu: *to gallop*
yn enbyd: *exceedingly*
hiliogaeth: *race*
gylfinir: *curlew*
llwch: *dust*

yn llusgo dros y twmpathau ar ei hôl. Minnau erbyn hyn yn ei dilyn. Yr oedd yn rhaid imi egluro iddi, ei bod wedi 'nghamddeall i, hwyrach wedi 'nghamgymryd i am rywun arall.

'Mair!'

Ond yr oedd hi'n dal i redeg, weithiau'n troi drach ei hysgwydd, yna'n rhedeg yn gynt. Yr oeddwn erbyn hyn yn benderfynol o'i dal. Yn sydyn, fe'i collais hi mewn pant. Rhedais i ben yr ymchwydd nesaf yn y tir, ond nid oedd olwg amdani yn unman. Eisteddais i adennill fy ngwynt. Daeth gwaedd o rywle draw i'r chwith. Sythais, a gwrando. Daeth y sŵn wedyn, a sylweddolais nad oedd ond dafad yn brefu rywle yn y twmpathau grug. Yn araf, ddryslyd, cychwynnais ar hyd y llwybyr hir i lawr i Bont Oddaith.

'Blaen-y-Cwm?' meddai Tomkins yn y stafell ginio y noson honno. 'Does yr un lle â'r enw yna yn y cyffiniau yma, hyd y gwn i. Hanner munud.'

Agorodd Tomkins y drws i'r bar. Na, doedd yr un o'r dynion ifanc yn y bar wedi clywed am y lle.

'Ydych chi'n siŵr mai dyna enw'r tyddyn?' meddai Tomkins. 'Rhyw enw arall, hwyrach?'

'Tomkins,' meddwn i. 'Fedra i'r un gair o Gymraeg. Fyddwn i'n debyg o fedru dyfeisio enw Cymraeg ar dyddyn?'

''Rhoswch chi,' meddai dyn canol oed gyda mwstás mawr melyn, yn eistedd yn y gornel. 'Dydw i ddim yn amau na fu lle o'r enw Blaen-y-Cwm yn y cyfeiriad yna. Ond os Blaen-y-Cwm oedd hwnnw, mae o'n furddun ers blynyddoedd.'

'Wel,' meddwn i, 'mi gefais i ginio ffyrst clas yno heddiw, beth bynnag.'

'Ddwedwn i mo hynny ar y ffordd yr ydech chi'n bwyta rŵan,' meddai Tomkins.

Y funud honno y sylweddolais i 'mod i wedi bwyta cinio digon i ddau.

---

llusgo: *to drag, to trail*
camddeall: *to misunderstand*
camgymryd: *to mistake*
drach ei hysgwydd: *yn ôl*
pant: *hollow*
ymchwydd: *rise*

adennill: *to regain*
gwaedd: *a shout*
brefu: *to bleat*
dryslyd: *confused*
cyffiniau: *vicinity*
murddun: *a ruin*

Ni chysgais i ddim y noson honno. Yr oedd Mair ar fy meddwl. Nid oeddwn erioed wedi credu mewn cariad ar yr olwg gyntaf, ond yr oeddwn i'n dechrau tybio'i fod yn fwy na choel gwrach, wedi'r cyfan.

Bore drannoeth, mi fynnais gan Tomkins ddod gyda mi i fyny i Flaen-y-Cwm. Wedi hir erfyn, fe gytunodd. Gofynnodd imi aros iddo hel ei daclau pysgota ynghyd. Mae Tomkins yn gryn bysgotwr.

Yr oeddem ein dau yn chwysu cyn cyrraedd pen uchaf Llwybyr y Graig. Cyn dod i olwg y tyddyn, dyma eistedd ein dau i gael anadl a mygyn, a gorffwyso'n llygaid ar yr olygfa ysblennydd odanom.

'Wel rŵan, Tomkins,' meddwn i, 'dowch ichi gael gweld Blaen-y-Cwm.'

Codi, a dilyn y llwybyr dros ben y boncen, a'i weld yn saethu'n felynwyn o'n blaenau drwy'r grug.

'Dacw Flaen-y-Cwm,' meddwn i, yn codi 'mraich i bwyntio, 'lle—'

Diffoddodd fy llais yn fy ngwddw. Yr oeddwn yn berffaith siŵr fy mod yn yr un lle ag yr oeddwn y diwrnod cynt, ond nid oedd arlliw o'r tyddyn yn unman. Dim ond milltiroedd ar filltiroedd o rug cochddu, yn tonni'n dawel yn y gwynt.

'Ymhle?' meddai Tomkins, yn syllu arna i'n amheus.

Methais â'i ateb. Yr oeddwn yn edrych o'm blaen, ar sypyn o gerrig duon yn ymwthio o'r grug lle y gwelswn i'r tyddyn ddoe.

Yn sydyn, rhwygwyd yr awyr gan chwiban miniog, a dechreuodd y defaid o'm cwmpas sboncio dros y twmpathau grug a'i gwneud hi am y murddun, a fflachiodd coleri gwynion dau gi meinddu, un o boptu imi, yn y grug. Trois fy mhen, a rhyw ganllath oddi wrthyf, yn pwyso ar ffon fugail hir, safai hen ŵr.

Croesodd Tomkins a minnau ato.

'Blaen-y-Cwm?' meddai'r hen ŵr. Cyfeiriodd â'i law tua'r twr cerrig duon. 'Dacw lle'r *oedd* Blaen-y-Cwm hyd ryw drigain

---

coel gwrach: *old wives' tale*
bore trannoeth: *next morning*
mi fynnais: *I insisted* (mynnu)
erfyn: *to beg, to plead*
hel (G.C.): casglu
cryn: *considerable*

mygyn (G.C.): *a smoke*
diffoddodd fy llais: *my voice died* (diffodd)
arlliw: *a trace*
tonni: *to wave*
sypyn: *a heap*
ymwthio: *to obtrude*

mlynedd yn ôl. Mi glywais 'y nhad yn dweud stori ddiddorol am y lle.' Eisteddodd ar dwmpath a thanio'i getyn, a chymryd tragwyddoldeb i'w danio.

'Roedd 'Nhad yn cofio,' meddai, 'hen gwpwl yn byw yno, ac un ferch ganddyn nhw.'

'Beth oedd ei henw hi?' meddwn i'n ddifeddwl. 'Mair?'

Tynnodd y dyn ei getyn o'i geg.

'Mair *oedd* ei henw hi,' meddai. 'Sut y gwyddech chi?'

'Na hidiwch sut y gwn i,' meddwn i.

'Geneth swil iawn, mae'n debyg. Wyllt. Ond fe ddaeth rhyw ŵr bonheddig o Sais yma, ar ei drafel, a'i gweld hi. Mi gollodd ei ben arni, ac mi'i cipiodd hi i ffwrdd hefo fo gefn nos, i ffwrdd tua Llunden 'na rywle. Ac mi'i priododd hi. Fuon nhw ddim yn briod wythnos. Mi ddihangodd yr eneth adre yn ei hôl bob cam. Mi ddaeth y gŵr bonheddig yma ar ei hôl hi. Pan ddeallodd yr eneth ei fod o yn y tŷ, mi redodd allan, ac ar draws y grug, ffordd yma, heibio i'r lle'r ydech chi a finne'n eistedd rŵan, a'r gŵr bonheddig ar ei hôl hi, draw tua'r pant acw welwch chi lle'r ydw i'n pwyntio. Ac yn fan'no mi ddiflannodd i hen dwll chwarel, na welwyd mohoni byth. Roedd rhai o'r cymdogion yn hel defaid ar y mynydd 'ma, ac fe glywson y waedd. Ie, yn y pant acw y diflannodd hi. Pant y Llances y byddwn ni ffor'ma yn ei alw o. Mae'n debyg mai dyna pam.'

Edrychodd Tomkins arnaf yn sydyn.

'Hawyr bach, ddyn,' meddai, 'rydych chi wedi colli'ch lliw. Beth sy'n bod?'

'O, dim,' meddwn i. 'Hwyrach nad ydi awyr y mynydd yma ddim yn gwneud efo mi.'

'Mi ddweda ichi beth wnawn ni,' meddai Tomkins. 'Gorweddwch chi draw acw, ym Mhant y Llances, chwedl ein cyfaill, yng nghysgod yr haul, ac mi af innau i dreio fy lwc hefo'r enwair yn y nant.'

---

cetyn (G.C.): pib, *pipe*

tragwyddoldeb: *eternity*

na hidiwch (G.C.): peidiwch â phoeni (hidio)

ar ei drafel: *on his travels*

cefn nos: *dead of night*

mi ddihangodd yr eneth: *the girl escaped*
   (dianc)

chwarel: *quarry*

hawyr bach: *good gracious*

ddim yn gwneud: *doesn't suit*

chwedl: *according to*

genwair: *fishing rod*

'Os nad ydi o wahaniaeth gyda chi, Tomkins,' meddwn i, 'fe fyddai'n well gen i fynd yn ôl i'r Bedol.'

Cyn cychwyn, tra fu Tomkins yn syllu'n hiraethus draw tua'r nant, gwyrais innau i lawr a chodi tywarchen rydd o fin y llwybyr. Nid cynt yr oeddwn wedi cydio ynddi na chipiodd y gwynt hi o'm llaw, a'm gadael yn syllu ar y llwch mawn yn treiglo trwy fy mysedd. Cofiais beth a ddywedodd Mair. Llwch ar fy nwylo.

Yr wyf wrthi ers tro bellach yn sgrifennu fy nofel newydd. Ond nid nofel am Gymru mohoni.

---

gwyrais: *I bent* (gwyro)
tywarchen: *sod*
llwch mawn: *peat dust*
treiglo: *to trickle*

J. Gwilym Jones
Y Goeden Eirin

Y Goeden Eirin

Mae Wil, fy mrawd, a minnau'n ddau efaill. Yr un amser yn union y'n cenhedlwyd ni, ac yn yr un lle a chan yr un cariad a'r un nwyd. Yr un bwyd a fwytâi mam i'n cryfhau ni'n dau, a'r un boen yn union a deimlai wrth ein cario ni; yr un amser yn union y symudasom ni'n dau, a'r un adeg yn union y'n ganed ni. Yr un dwylo a'n derbyniodd ni, ac yn yr un dŵr y'n hymolchwyd ni. Yr un dychryn yn union a roesom i mam, a'r un balchder i nhad. Yn yr un crud y rhoed ni, ac wrth yr un bronnau y sugnem. Yr un llaw a'n siglai ni, a phan ddiddyfnwyd ni, o'r un bowlen y bwytaem. Dilynasom ein gilydd ar hyd y lloriau fel cysgod y naill a'r llall, a'r un un yn union a'n dysgodd ni i ddweud mam a nhad a Sionyn a Wil a taid a nain a bara llefrith a thynnu trowsus a rhed fel diawl rŵan, ac 'a' am afal a 'b' am baban, a phwy oedd y gŵr wrth fodd calon Duw, a twais-wanatŵ, a gorffwys don dylifa'n llonydd paid â digio wrth y creigydd, ac yfwch bawb o hwn canys hwn yw fy ngwaed o'r testament newydd.

Ond heddiw mae Wil, fy mrawd, yn yr Aifft, a minnau'n gweithio ar y tir ym Maes Mawr.

Am flynyddoedd wyddwn i ddim fod yna wahaniaeth rhyngom ni. Wil oedd Sionyn a Sionyn oedd Wil. 'Sionyn, ty'd yma,' meddai mam, a Wil yn rhedeg ati nerth ei draed. 'Paid, Wil, y gwalch bach,' meddai nhad, a minnau'n peidio'r munud hwnnw. Pan gawn i chwip din a'm hanfon i'r gwely heb swper, byddai Wil

---

eirinen: *plum*	lloriau: *floors*
efaill: *twin*	ton: *a wave*
y'n cenhedlwyd ni: *we were conceived,*	dylifa'n llonydd: *flow quietly* (dylifo)
(cenhedlu)	digio: *to be angry*
nwyd: *passion*	creigydd (G.C.): chwarelwr, *quarryman in*
dychryn: ofn	*charge of explosives*
yn union: *exactly*	canys: achos
balchder: *pride*	yr Aifft: *Egypt*
crud: *cradle*	nerth ei draed: *as fast as his legs could carry him*
sugnem: *we sucked* (sugno)	gwalch: *rascal*
diddyfnwyd ni: *we were weaned* (diddyfnu)	chwip din: *a beating*

yn tynnu oddi amdano hefyd ac yn dweud ei bader ac yn crio'i
hochor hi, a'i fol yn wag o dan y dillad efo mi; a phan dorrodd
Wil ben ei fawd efo siswrn, fe welais innau waed ar ben fy mawd
innau hefyd a chael clwt amdano yr un fath â Wil.

Y goeden eirin yn yr ardd a gychwynnodd y gwahanu. Duw a'i
plannodd hi yno. A Duw a ddywedodd, Bydded coeden eirin ym
mhen draw gardd Llys Ynyr, rhwng y tŷ bach a'r wal; ac felly y
bu. Dydw i'n beio dim ar Dduw, nac yn dal dim dig tuag ato fo.
Rydw i'n barod iawn i fwynhau ei bethau da fo, a rhaid bodloni
ar y lleill. Duw sy'n gyfrifol am yr haul a'r lleuad a'r sêr a'r môr
a'r hyn oll sydd ynddo, a'r ddaear efo'i hanifeiliaid yn ôl eu
rhywogaeth; gwartheg i roi lloeau bach inni a llefrith, a defaid i
roi ŵyn a gwlân a dillad cynnes inni, a chŵn i fod yn ffrindiau efo
ni. Iddo Ef yr ydym i ddiolch am y prennau ffrwythlon yn dwyn
ffrwyth yn ôl eu rhywogaeth; y deri i ddweud wrthym ni sut i fod
yn gryf a sut i fyw yn hen ac i roi mes i'r moch; a choed afalau
bwyta ac afalau cadw; a choed eirin . . . eirin bach gloywddu a'r
peth gwyn oddi mewn iddynt yn felys fel mêl ac yn toddi a gadael
carreg lân rhwng tafod a thaflod i'w saethu allan fel corcyn o wn
claets. Ie, Duw a blannodd y goeden eirin rhwng y tŷ bach a'r wal
yn ein gardd ni. Rydw i'n plannu hon, medda fo, i wneud Wil yn
Wil a Sionyn yn Sionyn.

Duw sy'n gyfrifol am ddyn hefyd, wedi anadlu yn ei ffroenau ef
anadl einioes, wedi ei wneud ar ei lun a'i ddelw ei hun. 'Dyna ti
rŵan,' medda fo, 'gwna fel y mynni di. Os ydi'n well gen ti rywun
arall na fi, dy fusnes di ydy hynny. Fe gei di fod yn
Nebuchodonosor, os leici di, yn ddigon gwirion i fwyta gwair, neu
fe gei fod yn Ddaniel yn gweddïo â'th wyneb tuag at Jerusalem. Fe
gei di gredu mai wrth y Pab yn unig y byddaf fi'n siarad, neu fe

---

tynnu oddi amdano: *to undress*

pader: *prayers*

bawd: *thumb*

clwt: *a bandage*

gwahanu: *separation*

bydded: *let there be* (bod)

dal dim dig: *to bear no grudge*

yr hyn oll: *everything*

yn ôl eu rhywogaeth: *after their kind*

lloeau: *calves*

prennau ffrwythlon: *productive trees*

dwyn: *to bear*

deri: *oak*

mes: *acorns*

gloywddu: *shiny black, jet black*

taflod: *palate*

gwn claets: *pop-gun*

ffroenau: *nostrils*

anadl: *breath*

einioes: *bywyd*

delw: *image*

gwna fel y mynni di: *do as you wish* (mynnu)

gei gredu fod Robin Puw, Tŷ Draw, yn fy 'nabod i'n well na'r Pab. Mae Bernard Shaw yn credu mai dychymyg Robin Puw a'r Pab sy'n peri iddynt feddwl fy mod i'n siarad efo nhw. Croeso i tithau gredu'r un peth. Neu cred, fel Stalin, os mynni di, fy mod i'n addurn bach digon tlws fel blodyn coch ar bren, ond mai'r pren sy'n bwysig ac yn cyfrif.'

Ond, Duw, dydi hynna ddim yn hollol deg. Roedd Nebuchodonosor, rwy'n cyfaddef, yn rhyfelgar ac yn anystyriol, ond fe wnaeth Babilon y ddinas brydferthaf yn y byd i gyd yr adeg honno. Roedd Daniel, mae'n wir, yn batrwm o hogyn da, ond ni chollodd o'r un pum munud o gwsg i geisio lliniaru poen ei gydgaethion ar lannau Ewffrates. Dwn i fawr am y Pab, ond mi wn i mai Robin Puw, Tŷ Draw, yw tad Neli bach, Tai Cefn, a'i fod o'n gwrthod ei harddel hi. Fe laddodd materoliaeth Stalin bum miliwn o dyddynwyr yn yr Wcrain, mae'n wir, ond fedr o ddim bod yn ddrwg i gyd; meddwl fel y maent yn ymladd heddiw. Peidiwch â meddwl fy mod i wedi anghofio'r goeden eirin yn yr ardd; dydw i ddim. Fe roddodd Duw hawl i Wil fod yn Wil ac i minnau fod yr hyn ydw i, ac er mai cleddyf sydd gan Wil a swch sydd gennyf innau, mae Wil yn ffeindiach peth na fi, ac mae gen i feddwl y byd o Wil, ac mae gan Wil feddwl y byd ohonof innau.

Roedd y goeden eirin yn hŷn na nain. Er bod nain yn fyw o hyd, roedd hi'n hen yr adeg honno, a rhychau hyd ei hwyneb, ond yn iach fel y gneuen ar wahân i'w braich ddiffrwyth. Gallai gyrraedd bonclust ddigon o ryfeddod efo'i llaw chwith, ond roedd ei llaw dde hi mor ddisymud â phwysau cloc wedi stopio. Byddwn i'n meddwl am nain a'r goeden eirin yn yr un gwynt. Roedd y ddwy yn fyw cyn i Gladstone farw, a phan oedd Evan Roberts yn crwydro'r wlad yn rhoi profiadau rhyfedd i bobl, a rhai ohonyn

---

peri: gwneud, achosi	materoliaeth: *materialism*
addurn: *ornament*	hawl: *right*
tlws (G.C.): pert	cleddyf: *sword*
cyfaddef: *to admit*	swch: *ploughshare*
rhyfelgar: *warlike*	ffeindiach (G.C.): *finer*
anystyriol: *inconsiderate*	hŷn: henach
lliniaru: *to ease*	rhychau: *wrinkles*
cydgaethion: *fellow-slaves*	cneuen: *nut*
dwn i fawr: dydw i ddim yn gwybod llawer	diffrwyth: *withered*
arddel: *to own, to acknowledge*	bonclust: *box on the ears*

105

nhw'n aros efo ni o hyd, diolch i'w enw bendigedig o, chwedl John Huws, Pant . . . Wyddon ni ddim yn iawn beth yw Gwaredwr a Chyfryngwr a Maddeuant ac Edifeirwch, ond rydyn ni'n credu ynddyn nhw, a dyna sy'n bwysig . . .

Rydw i'n dal ar bob cyfle ac yn codi hynny o ysgyfarnogod a fedra i rhag sôn yn iawn am y goeden eirin, mi wn i o'r gorau, a rheswm da pam. Mae'n gas gan fy nghalon i feddwl amdani hi. Fe fyddaf yn meddwl weithiau mai hi yw fy ngelyn pennaf i. Hi ddysgodd imi fod pethau diffrwyth, marw fel llaw dde nain yn beryclach o lawer na phethau iach, byw fel ei llaw chwith hi. Hi ddysgodd imi fod yna Ddiafol yn y byd, ac er iddi ddysgu imi nad yw dim yn marw, ond fod bywyd tragwyddol yn ffaith wirioneddol, dydy hynny ddim yn gysur i gyd.

Fe sylwasoch imi sôn am bethau diffrwyth, marw, ac ar yr un gwynt ddweud nad oes dim yn marw. Anghysondeb, meddwch. Hwyrach, wir. Neu feddwl cymylog. Llawn mor wir. Neu efallai fod geiriau weithiau yn newid eu hystyr yn ôl eu cyd-destun. Dyna sut y mae Aelodau Seneddol yn eu cyfiawnhau eu hunain, beth bynnag. Dydych chi ddim yn deg, meddant wrth eu beirniaid, rydych chi'n dyfynnu geiriau allan o'u cyd-destun.

Unwaith aeth Wil a minnau i weled Fon bach Bronallt yn ei arch. Erbyn hyn roeddwn i'n gwybod mai Wil oedd Wil. Nid yr un yn ddau, a'r ddau yn un oeddem ni: er ein bod ni'n mynd efo'n gilydd, ar wahân yr oeddem ni. Roedd Fon fel petai o'n fyw: lliw coch ar ei ruddiau, a'i ddannedd o yn y golwg fel petai o'n gwenu, a rhywun wedi rhoi tusw o flodau rhwng ei fysedd. Wyddoch chi beth ddeudodd o ddwytha un, meddai ei fam o:

---

gwaredwr: *saviour*
cyfryngwr: *mediator*
maddeuant: *forgiveness*
edifeirwch: *repentance*
ysgyfarnogod: yn ffig. *red herrings*
gelyn: *enemy*
peryclach: yn fwy peryglus *(dangerous)*
diafol: *devil*
tragwyddol: *eternal*
anghysondeb: *inconsistency*

hwyrach: efallai
cyd-destun: *context*
Aelodau Seneddol: *Members of Parliament*
cyfiawnhau: *to justify*
dyfynnu: *to quote*
arch: *coffin*
gruddiau: bochau, *cheeks*
tusw: *posy*
dwytha un: h.y. diwethaf un, *last of all, at the end*

Iâr fach dlos yw fy iâr fach i,
Pinc a melyn a choch a du.

Ac wrthyf fy hun fe ddywedwn innau, Heddiw mae o'n aelod o
gôr undebol y Wynfa dlos sy'n synnu engyl y gogoniant â'i ganu
bendigedig. Dydw i ddim yn credu hynna heddiw, cofiwch; hynny
ydi, ddim yn credu yn union fel yna. Dydi Fon hwyrach ddim yn
canu, ond mae o'n gwneud rhywbeth. Fe fûm i'n credu ei fod o'n
fyw o hyd am fod ei fam o ac Enid ei chwaer o a minnau ac eraill
yn ei gofio fo'n iawn. Ond fe fydd ei fam o ac Enid a minnau farw
rywbryd, a phwy fydd yn ei gofio fo wedyn? A'r wythnos ddwytha
fe ddarllenais erthygl ar Karl Barth, ac rwyf yn rhyw newid fy
syniad eto.

Y noson honno yn y gwely clywais Wil yn crio ac yn crio.
Rhoddais fy mraich amdano. 'Be sy, Wil?' meddwn i. 'Ofn marw,'
meddai Wil. 'Cysgwch yn fan 'na,' meddai mam. Yr un oeddem
ni iddi hi o hyd.

Heddiw mae Wil yn yr Aifft am fod arno fo ofn marw, a
minnau'n trin y tir ym Maes Mawr am fy mod i'n gwybod y bydd
Wil fyw byth.

'Dydi hi ddim yn ddrwg arnom ni,' meddai Wil. 'Mae'n safon
byw ni'n uchel. Rydym ni'n cael bwyd difai a digon ohono fo. A
rhyddid.' 'Ydym,' meddwn innau, 'ar draul rhai yn byw yn Affrica
a Malay ac India, sydd â'u safon byw nhw'n is nag un mochyn yn
ein gwlad ni. Meddwl am Krupps yn yr Almaen a'u tebyg yn y
wlad hon.'

'Digon hawdd iti weld bai ar y cyfoethogion,' meddai Wil.
'Rydw i'n gwybod eu bod nhw'n twyllo ac yn newynu tlodion,
ond cofia di fod ein buddiannau ni yn cydredeg â'u rhai hwy. A
pha brawf sydd gen ti y buasem ni'n well pe cenedlaetholid glo a
rheilffyrdd a gweithiau trymion? Pa well wyt ti o'th ladd dy hun

---

tlos: ben. tlws, hardd
undebol: *united*
gwynfa: *paradise*
engyl: angylion, *angels*
gogoniant: *glory*
erthygl: *article*
difai: da
rhyddid: *freedom*
ar draul: *at the expense of*

twyllo: *to deceive*
newynu: *to starve*
buddiannau: *interests*
cydredeg â: *parallel with*
prawf: *proof*
pe cenedlaetholid: *if . . . were nationalized,*
    (cenedlaetholi)
trymion: llu. trwm

yn ceisio dangos pydredd cymdeithas i'r gymdeithas honno? Mae da a drwg, 'machgen i, wedi cordeddu cymaint yn ei gilydd fel na elli di ddim tynnu llinell derfyn rhyngddynt, a'n busnes ni ydi, nid meddwl beunydd am bobl eraill, ond meddwl mwy am ein dyletswyddau i ni ein hunain, a'n cyfiawnhau ein hunain i ni ein hunain. Ac os oes rhywun yn ein rhwystro ni, wel does dim ond un peth amdani hi. Does gen i fawr o 'fynedd, mi wyddost, Sionyn, efo'r bobl yma sy'n gwneud parseli o genhedloedd, ac yn dweud bod Ffrancwyr yn anfoesol ac Almaenwyr yn filitaraidd, ac Iddewon yn usurwyr, a Saeson yn drahaus, a Sgotiaid yn gybyddlyd. Mae Cymru'n ddau barsel ganddynt fel arfer. Os ydynt yn byw yn Lloegr, ac wedi gwneud tipyn o arian wrth werthu llaeth a sidan, gwlad y cymanfaoedd a'r menig gwynion a'r hoelion wyth ydi Cymru, ond i'r rhai sydd wedi aros gartre am eu bod yn caru Cymru, cenedl ddigon diasgwrn cefn a rhagrithiol ydi'n cenedl ni. Ac eto ar yr un pryd, mae yna rywfaint o wir yn hyn i gyd, ac ar adegau mae'r anfoesoldeb a'r awch am ryfel, a'r blys arian, a'r traha a'r cybydd-dra, a'r rhagrith, yn torri allan fel gôr o ben dyn, a'r adegau hynny pawb drosto'i hun ydi hi.'

Fe wyddwn i fod yna atebion i'r rhain i gyd, ond yn fy myw y medrwn eu rhoi heb deimlo'n hunangyfiawn, smŷg. Dydi'r atebion iawn ddim yn hunangyfiawn nac yn smŷg. Dywed meddylegwyr fod drychfeddyliau yn wahanol iawn i'r argraffiadau a'u hachosodd, ac mae'n dilyn yn naturiol fod gwahaniaeth wedyn pan droir y drychfeddyliau'n eiriau. Ydi o'n gableddus meddwl, deudwch, mai dyna pam y tau'r ddafad o flaen y rhai a'i cneifia?

---

pydredd: *corruption*
cordeddu: *to entwine*
llinell derfyn: *dividing line*
dyletswyddau: *duties*
cyfiawnhau: *to justify*
rhwystro: *to hinder*
'fynedd: h.y. amynedd, *patience*
cenhedloedd: *nations*
anfoesol: *immoral*
Iddewon: *Jews*
usurwyr: *money-lenders*
trahaus: *arrogant*
cybyddlyd: *miserly*
sidan: *silk*
cymanfaoedd: *singing festivals*

menig gwynion: yn ffig. *innocence, purity*
hoelion wyth: yn ffig. *eminent preachers*
diasgwrn cefn: *spineless*
rhagrithiol: *hypocritical*
awch: *desire*
blys: *craving*
traha: *arrogance*
gôr: *pus*
hunangyfiawn: *self-righteous*
meddylegwyr: seicolegwyr
drychfeddyliau: syniadau
argraffiadau: *impressions*
cableddus: *blasphemous*
y tau'r ddafad: mae'r ddafad yn tewi *(to be silent)*
y rhai a'i cneifia: *those who shear it* (cneifio)

'Bwytwch, bendith ichi,' meddai mam. Yr un un ydym ni i mam o hyd. 'Bwytwch,' meddai hi, 'cysgwch, codwch, peidiwch, brysiwch, byddwch ddistaw . . .' rhywbeth a fedr ein coesau ni a'n breichiau ni a'n llygaid a'n clustiau ni eu gwneud. Cnawd ydym iddi hi . . . cnawd o'i chnawd hi.

Yr un boen yn union ydym iddi hefyd. Wyt ti'n cael digon o fwyd ym Maes Mawr, Sionyn? Oes yna ddigon o ddillad ar dy wely di? Cymer ofal fod gennyt ti ddigon o gynhesrwydd amdanat. Sut fwyd wyt ti'n gael, Wil? Ydi hi'n oer iawn yn yr hen denti yna? Cofia roi digon amdanat, beth bynnag.

Meri Owen, Trycia, yr hen g'nawas, yn taflu nad oedd Sionyn yn y fyddin. 'Pe tasa pawb fel Sionyn', meddwn i wrthi hi, 'fasa yna ddim rhyfel.'

''Dydio'n biti na fasa Wil wedi sefyll fel Sionyn,' meddai Mr Williams, y gweinidog. 'Mae'n dda iawn inni wrth rai fel Wil,' meddwn i wrtho fo, 'neu dan draed y buasem ni.'

Yr un un ydym ni i'n gilydd weithiau hefyd. 'Wyt ti'n dy gofio dy hun yn cnocio yn nrws Betsan Jones, erstalwm, ac yn rhedeg i ffwrdd?'

'Nid y fi ddaru, y chdi.' 'Naci, chdi.' 'Naci, chdi.'

'Wyt ti'n cofio ni'n dau yn dysgu *Rhodd Mam* ac yn cael swllt bob un gan nain?' 'Ydw'n iawn.'

'P'run ohonom ni syrthiodd oddi ar y goeden eirin, dwad?' 'Y fi,' meddwn innau. ' Does gen i ddim amheuaeth am hynny.'

A dyna ni'n ôl at y goeden eirin. Mae hi mor anochel â geni a marw. A Dydd y Farn a ddywedai John Huws Pant, a hwyrach ei fod o yn llygad ei le. Mae hi yno o hyd rhwng y tŷ bach a'r wal, yn hŷn o hynny sydd erbyn hyn a mwy o gen a locsyn gwyrdd. Rhyw dro fe ddringodd Wil a fi a fi a Wil i'w phen. Eisteddais i ar frigyn wedi crino fel braich dde nain a syrthio a thorri fy nghoes. Bûm

---

bendith ichi: *bless you*
cnawd: *flesh*
tenti: *tents*
yr hen g'nawas: h.y. yr hen genawes, *the old vixen*
mae'n dda iawn inni wrth rai: *it's very good to have some*
Rhodd Mam: *child's catechism*
swllt: *shilling*

amheuaeth: *doubt*
anochel: *inevitable*
Dydd y Farn: *Judgement Day*
llygaid ei le: *quite correct*
cen: *lichen*
locsyn: *sideboards*
brigyn: *a branch*
crino: *to wither*

yn y tŷ am wythnosau heb ddim i'w wneud ond darllen a darllen a darllen. Gwnaeth Wil gyfeillion â Lias a Harri bach y *Garage*, a dŵad adra bob nos yn sôn am *magneto* a *dynamo* a *clutch* a newid gêr a *Bleriot* a *Jerry M*. Dydi o ddim blewyn o wahaniaeth gen i beth yw *magneto* a *dynamo*, a thros ei grogi yn unig y bydd Wil yn darllen.

---

blewyn o wahaniaeth: *an ounce of difference*
a thros ei grogi: *and over his dead body*

Islwyn Williams
Cap Wil Tomos a Storïau Eraill

Cap Wil Tomos

Sôn am ffwtbol, ysgwn i faint o'chi sy'n cofio gêm gynta Wil Tomos i Gymru? Os ŷch chi'n cofio, y gêm yn erbyn Lloeger yn Abertawe ôdd hi. Cymru 'nillws, wrth gwrs: Wil yn scori o dan y pyst ddwy funed cyn y diwedd. Wel, faint o chi nâth sylw manwl o Wil y diwrnod 'ny? Os sylwoch chi, ôdd Wil yn wahanol miwn un peth i bob un o wharwyr Cymru: *fe* ôdd yr unig un—ond hanner muned; wy'n dechre o whith; diwedd y stori yw hanes y gêm . . .

Ma'r stori'n dechre pan ddâth Wil Tomos tsha thre o'r *college* un nosweth â'r flac-ei berta welsoch chi ariôd.

'Hylo!' medde'i dad. 'Beth ar y ddiar wyt ti wedi bod yn neyd?'

'Whare ffwtbol' ôdd yr ateb. ''Dyw'r bwyd yn barod? Wy jest starfo.'

Fe sefws i fam yn stond ar i ffordd i'r gecin fach—a'i llyced fel dwy sowser.

'Whare ffwtbol?' medde hi'n hurt. 'Wel wir, 'na beth neis i ddysgu yn y coleg, wy bown o weyd.'—A dyna chi Jane Tomos i'r dim! 'Gwraig o ychydig eirie' ys dwâd y Beibl, a'r Piwritan mwya yn Abertwrch. Cofiwch, menyw dda ôdd hi; fûws dim gwell menyw yn byw ariôd. Fe ddylswn i wpod: wy'n byw drws nesa idd'hi. Ond 'na fe, ma bai bach ar bawb; a bai Jane Tomos ôdd *culni*. Menyw styrn ôdd hi, yn egwyddor o'i phen idd'i thrâd, a mynd i gwrdde'r wthnos yn gyson. Ond dêr, ôdd hi'n gul! Ôdd hi

---

*nodir rhai o nodweddion *(characteristics)*
tafodiaith Cwm Tawe wrth ddisgrifio bywyd
a gwaith Islwyn Williams ar dudalen 12
ysgwni: h.y. ys gwn i, tybed, *I wonder*
'nillws: h.y. enillodd (ennill)
pyst: *posts*
wharwyr: h.y. chwaraewyr
o whith: h.y. o chwith, *the wrong way round*
tsha thre: h.y. tua thref, adref
blac-ei: llygad ddu
fe sefws: h.y. fe safodd (sefyll)
yn stond: *still*

sowser: *saucer*
hurt: syn
bown o weyd: *bound to say*
i'r dim: *exactly*
ys dwâd y Beibl: fel mae'r Beibl yn ei
    ddweud
fûws: h.y. fuodd (bod)
wpod: h.y. gwybod
culni: *narrowness*
egwyddor: *principle*
cwrdde: h.y. cyrddau, *religious meetings/
    services*

111

lawr ar bopeth sy'n rhoi tipyn o *enjoyment* i ddyn. 'Welsech chi byth o' hi miwn consart na steddfod; braidd ôdd hi'n folon i Gwrdd Pen Cwarter. Ac wrth gwrs, ôdd pawb ôdd yn cmeryd ambell i ddrinc fach, ne gatw milgi, yn ddyn drwg. A bocso 'te!— wel, ô'n *nhw*'n mynd ar u penne'n rhwydd. A 'nôl beth o'wn i'n diall, ôdd ffwtbol ddim yn bell ar ôl. Ond 'na'r cwbwl wetws hi wrth Wil y nosweth 'ny; a fel trows hi mâs, soniws hi ddim gair arall o'i phen am y peth. Pan bydde unrhyw sôn am Wil a'i ffwtbol wedi 'ny, bydde hi'n cwnnu o'i chater yn sydyn a mynd mâs, ne fynd mlân â'i gwau heb weyd gair wrth neb. Uchelges mawr Jane Tomos ôdd gweld Wil yn câl i F.E. *with Honours.*

Cofiwch, ôdd i dad ddim llawer gwell. Ond nid culni ôdd yn achosi'r peth yn i dad. O nace; hen ddyn ffein ôdd Ifan. Gwpod dim am y gêm ôdd e. Dêr, ôdd o'n druenus! Ôdd e'n diall dim-yw-dim am ffwtbol. Ôdd e ddim hyd yn ôd yn diall y gwaniath rhwng socer a rygbi; ma hwnna'n anodd cretu, wy'n gwpod, ond mae e'n galon y gwir i chi. Wrth gwrs, whare teg i'r hen ddyn: ôdd o ddim wedi dilyn y gêm ariôd, druan. *Llyfre* ôdd byd Ifan. Dim ond iddo fe gâl llyfyr idd'i law, ôdd e'n reit. O cofiwch, ôdd Ifan yn ddyn gole iawn; fe ôdd asgwrn cefen y Gymdeithas Ddiwylliadol gyta ni yn Saron 'co, ac o withwr bach cyffretin, yr athro Ysgol Sul gore fues i odano fe ariôd. Ond fel gwetes i, ôdd e'n diall dim am ffwtbol, dim-yw-dim. Ar yr un pryd, fe ddâth yn itha prowd o Wil ar y slei fach, rhyngo chi a fi. Wrth gwrs, feidde fe ddim gweyd na dangos dim o 'ny yn y tŷ. O na, bydde dim iws neyd 'ny, ne wysh beth fydde wedi dicwdd. Fe fûws pethe jest â mynd yn drâd moch y tro 'ny ffindws Jane y *Football Echo* o dan y cwshin yn y parlwr . . .

Wel, druan o Wil, medde chi . . . Wel, ie, miwn ffordd. Ond os ôdd i fam e'n ddiflas a'i dad yn anwybotus, ôdd gyta fe *un* ôdd yn

---

Cwrdd Pen Cwarter: *quarterly area meeting and preaching services*
catw milgi: h.y. cadw milgi, *to keep greyhounds*
wetws h.y. dywedodd (dweud)
trows: h.y. trodd, troes (troi)
soniws: h.y. soniodd (sôn)
cwnnu (D.C.): codi
cater: h.y. cadair
gwau: *knitting*
uchelges: h.y. uchelgais, *ambition*

dim-yw-dim (D.C.): dim byd o gwbl
gole: h.y. golau, *learned, well-versed*
asgwrn cefen: h.y. asgwrn cefn, *backbone*
diwylliadol: *cultural*
'co (D.C.): h.y. manco, *there*
feiddia fe ddim, *he didn't dare* (beiddio)
dicwdd: h.y. digwydd
trâd moch: *chaotic*
anwybotus: h.y. anwybodus, *ignorant*

barod i gwnnu'i lewysh e bob cam: a hwnnw ôdd i Wncwl Jac, brawd i dad. Os taw llyfre ôdd byd Ifan, ffwtbol ôdd diddordeb yr hen Jac wedi bod ariôd. 'Na waniath rhwng dau frawd! Cofiwch, bachan tidi ôdd Jac; o, diawch, ie—colier da, a mynd i'r Cwrdd a'r Ysgol yn weddol o gyson. Ond *ôdd* e dipyn bach yn fwy ryff i ffordd na Ifan—ŷ'ch chi'n gwypod beth wy'n feddwl. Wel, ffwtbol ôdd i unig ddileit e wedi bod ariôd. Dêr, ôdd cof aruthrol 'dag e. Ôdd Jac yn gallu cofio pwy ôdd yn whare yn y man a'r man ar y pryd a'r pryd ac ymhle, pwy scorws, faint o gape ôdd hwn a hwn wedi gâl—a'r petha 'na i gyd. Ôdd o hyd yn ôd yn cofio shwd sane ôdd Percy Bush yn wishgo yn 1905, beth ôdd gwaith tad Gwyn Nicholls, pwy ôdd mamgu Dicky Wen, a'r *details* bach 'na bob un.

Wel, fe allwch chi ddychmygu beth ôdd *e*'n feddwl am Wil. Weles i ddim shw ffys yn 'y mywyd. Dim ond 'Wil mab Ifan 'y mrawd' ôdd i glŵed 'dag e.

'Ho, glŵes di am Wil, mab Ifan ni? Mae e'n whare i'r *University*, shgwl! Fe neiff e *forward* da ed: mae e'n ffast, ma dwy law 'da fe fel dwy raw, *a* ma pen arno fe. Fe gei di weld, fe eiff e'n bell; watsha beth wy'n weyd 'rthot ti!'

A whare teg i'r hen Jac, y gwir wetws e ed. Ôdd Wil yn whare i Abertawe ymhell cyn cwpla yn yr *University*—wel, ŷ'ch chi'n cofio cystel â finne, wrth gwrs. Dêr, ôdd Jac wedi hurto! Ôdd e lawr ar St. Helens yn gweld bob gêm—yn y *stand* ed, os gwelwch yn dda. A 'wni sawl tyrn gollws e i fynd lan i Gloucester a Coventry a'r llefydd 'na yn unig swydd i weld Wil yn whare.

Fe âth ag Ifan gyta fe unwaith i weld gêm yn Abertawe. Cofiwch, ôdd Jane yn gwpod dim am y stynt 'ny; 'dwy i ddim yn cretu bod hi'n gwpod hyd y dydd heddi. Mynd i brynu bŵell ôdd yr esgus, wy'n cofio. Ta beth, fe ethon i weld Newport yn whare ar St. Helens. Ôdd Jac wedi bod yn trio dysgu cwpwl o bethe i Ifan erbyn hyn, ond yn ôl y stori glŵes i 'da Jac ar ôl cwrdd y nos Sul 'ny, fûws e fawr gwell.

---

cwnnu llewysh: h.y. codi llawes, yn ffig. cefnogi
tidi (D.C.): h.y. teidi, *proper, respectable*
aruthrol: *wonderful*
dychmygu: *to imagine*
shgwl (D.C.): h.y. disgwyl, edrych
ed: h.y. hefyd

rhaw: *spade, shovel*
hurto: *to be infatuated*
collws: h.y. collodd (colli)
unig swydd: *specifically*
bŵell: h.y. bwyell, *axe*
fûws e fawr gwell: fuodd e ddim llawer gwell (bod)

'Af i ddim ag e byth eto!' medde fe'n bendant. 'Fe geso i ddicon ddo. O, ma Ifan ni'n boenus, chrete ti ddim. Yn *slow*'n dysgu, wetes di? Bachan, mae e'n ofnadw, w! Beth wyt ti well o wpod dy Feibl inseid-owt, a gwpod y ffordd i neyd englynion, os na alli di ddangos 'm bach o afel acha ca ffwtbol? Bachan, 'dyw e'n diall dim-yw-dim, w! Wni faint o withe ofynnws e beth ôdd pwrpas y *strum*—ie, *strum*, os gwelwch yn dda! A finne wedi'i rybuddio fe wrth fynd lawr i drio bod yn ail idd'i le. Fe ofynnws sawl gwaith os taw *wing* ôdd Wil yn whare. Wel, wir, gorffod i fi weyd wrtho fe yn y diwedd: "Clyw, Ifan, er mwyn popeth, bydd yn dawel a gâd dy fothers; wyt ti'n hala cwilydd arno i. Ac er mwyn y mawredd, paid ag yngan gair wrth neb fod ti'n dad i Wil, druan, ne chwnniff y pwr dab ddim o'i ben byth mwy!"—Fe fûws yn dawel wedyn, am spel fach. Ond fe âth y gêm dipyn bach yn ryff tsha'r diwedd, a 'na, fe ddychrûws wedyn 'ny. Fe dynnws un o'u *forwards* nhw gic at Wil ar bwys y scrŷm. Wel, yn naturiol, ma 'ngwâd i'n dechre twymo a ma fi ar 'y nhrâd ar unwaith.

'Play the game, you dirrty pig! Rho un nôl iddo fe, Wil bach!'—Wel, chlŵes di ddim shw ffys ôdd 'da Ifan dim ond o achos i fi sgrechen rhwpeth bach simpl felna. 'Hei Jac,' medde fe, wedi colli'i liw i gyd, 'Hei, bachan, paid â bod mor flagardys, w! Wyt ti'n styried beth wetes di nawr?' . . . Wel, 'na fi'n gweyd y gwir, fe 'dryches i arno fe'n hurt . . . 'Wel, Ifan, Ifan,' myntwn i, 'paid â bod mor *ignorant*; weles di ddim o'r mochyn 'na yn estyn cic i Wil chi nawr?' . . . Naddo fe; mor belled ag ôdd e'n gallu'i weld, ôdd *pawb* yn cico'i gilydd. A pheth arall, 'dôdd e ddim yn gwpod pun ôdd pun. Ie, meddwl am y peth: ddim yn napod mab i hunan acha ca ffwtbol! Wy'n gofyn i ti: beth wnei di â dyn felna? Na; fe alla i fentro gweyd wrth ti—fe fydd e'n llawer henach cyn geiff e ddod gyta fi i weld gêm arall!'

A whare teg i'r hen Jac; fe driws i ore gyta Jane, i whâr-yng-

---

w (D.C.): h.y. gŵr
gafel: h.y. gafael, *grasp*
acha (D.C.): ar
yn ail idd'i le: *fair-minded*
gad dy fothers: *stop muttering, stop fussing*
hala cywilydd arno i (D.C.): *to put me to shame*
er mwyn y mawredd: *for God's sake*

pwr dab (D.C.): h.y. *poor dab*, truan bach
fe ddychrûws: h.y. fe ddechreuodd
(dechrau)
fe dynnws: h.y. fe dynnodd (tynnu)
blagardys: *blackguardly*
myntwn i (D.C.): meddwn i, dywedais i

114

nghyfreth hefyd. Ond gwaith caled ôdd e . . . fe fûws yn achwyn i gwyn y tro 'ny hefyd . . .

'Dêr, 'na fenyw benstiff, ie. Ma' hi'n wâth na Ifan ni. Whare teg i Ifan: 'dyw e ddim yn gul; yn boenus o *slow*'n dysgu ma Ifan. Ond wn i beth i weyd am y fenyw 'na sy gyta fe. 'Run man bo fi'n wilia â'r wal 'na'n gwmws. Gofyn netho i iddi pryd ôdd hi'n meddwl dangos 'm bach o ddiddordeb mam yn i mab . . . "John," medde' hi, "clywch: ma un gair gystal â chant—'dwy' i ddim yn folon iddo fe whare. 'Na stori blaen i chi; mo'yn gweld y bachgen yn dod mlân wy i." . . . "Ond Jane fach," myntwn i, "byddwch yn rhesymol w; ma'r bachgen *yn* dod mlân yn grand: 'na fe'n whare i Abertawe nawr. A watshwch chi beth wy'n weyd wrthoch chi: mae e'n mynd i gâl i gap ed." . . . "Pwy gap?" medde hi. "Cap am whare i Gymru, wrth gwrs," myntwn i. "Hwfft shw wobor," medde hi. "'Chlŵes i ddim shw nonsens ariôd. Ie, dwli pen hewl!" . . . Ie, nonsens a dwli; 'na fel ôdd hi'n wilia, shgwl, am Wil yn câl i gap—menyw dros i thricen ôd . . . Na, ma hi'n fenyw od iawn. Mae e shw beth annaturiol rywffordd, bachan; i feddwl bod i mab hi'n whare i Abertawe, a hithe'n sharad mor ysgawn am y peth. Na, ma'r peth yn drajedi—dim byd arall. Ond 'na fe, 'run man trio rhesymu â wal â wilia 'da menyw felna!'

A felna bûws pethe am fishodd; Wil yn gwella bob gêm, i fam yn stiffhau fel postyn bob tro y bydde unrhyw sôn am y peth, a Ifan, druan, yn trio' i ore glas i ddysgu'r ins and owts ar y slei fach. Ôdd Jac, wrth gwrs, lan idd' i gluste miwn past yn catw scrap-bwc mawr o bob gair ôdd y pap're yn weyd am Wil.

Wel, anghofia i byth o'r nosweth ôdd y 'Big Five' yn cwrdda i ddewish y tîm yn erbyn Lloeger. Ôdd rhwpeth yn bod ar y set 'da fi, a ôdd Ifan wedi galw arno' i dros ben y wal i ddod miwn i glŵed y *news* naw o'r gloch. Ôdd Jac wedi bod ar y ffôn i Gardydd, ac wedi câl ar ddeall y bydde popeth hibo miwn

---

achwyn: cwyno
penstiff: ystyfnig, *stubborn*
wilia (D.C.): siarad
yn gymws: h.y. yn gymwys, *exactly*
'm bach: h.y. tamaid bach, *a little bit*
hwfft shw wobor: *huh what a prize*

dwli pen hewl: (D.C.): *utter nonsense*
ysgawn: h.y. ysgafn
stiffhau: *to stiffen*, h.y. mynd yn dawel
trio'i ore glas: *to try his level best*
wedi câl ar ddeall: *been led to understand*
hibo: h.y. heibio

pryd i roi'r tîm mâs am naw. Wel, fe etho miwn rown i farce hanner awr wedi wyth, i gâl neyd yn siŵr, meddwn i. Ôdd Ifan wrth y tân yn darllen, a Jane yn gwau fel arfer. 'Dwy' i ddim yn credu bod amcan 'da hi beth ôdd yn bod, a wrth gwrs, wetes i ddim gair. Wel, 'ma'r *news* yn dod mlân; ac o'r diwedd 'ma'r tîm yn câl i roi mâs. Pan ddâth e at y *forwards*, ôdd Ifan, druan, fel y galchen, a phan enws e Wil, 'ma fe'n dishgwl ar Jane.

'Glŵes di beth wetws e, Jane?'

'Beth?'

'Ma Wil ni wedi câl i gap!'

Wetws hi ddim gair; dim ond dishgwl felse hi wedi clŵed bod Wil yn mynd i gâl i groci; a 'ma hi mâs o'r rŵm heb weyd gair. Gyta 'ny, dyma ni'n clŵed rhywun yn rhyteg trw'r talcen, a miwn a fe fel bollt trw'r drws. Jac, wrth gwrs, a'i anal yn i ddwrn. Fe ddychrŵws weyd rhwpeth, a 'na: fe ffilws weyd gair arall—fe âth i lefen fel babi. Ôdd e ddim yn y gwaith y dywyrnod ar ôl 'ny—i *nerves* e'n yfflon, medde'r doctor . . .

Ŷ'chi'n cofio'r gêm, wrth gwrs: 'na'r gêm ore whariws Wil Tomos ariôd. Ond be' sy'n od yw hyn: y nosweth cyn 'ny ôn i a Jac yn cretu y bu'se fe ddim yn whare o gwbwl; ôdd wep ofnadw 'dag e. Ôdd e'n pallu gweyd dim am spel, ond o'r diwedd, 'ma fe'n cyfadde.

'Ma mam yn ddicon i ddiflasu dyn. 'Dyw hi ddim wedi gweyd gair bach, hyd yn ôd; 'dôs dim hwyl whare arno i o gwbwl fory.'

Ôdd Jac â cholled gwyllt arno fe. 'Beth wetes i wrtho ti? 'Na ti fenyw ddrwg! Ma hi'n mynd i strŵa un o'r bechgyn gore whariws i Gymru ariôd! Fe gei di weld: ma *Wales* yn mynd i golli fory dim ond o achos antics y . . . y . . . y gwdihŵ ddwl 'na!'

<table>
<tr><td>marce (D.C.): h.y. marciau, *approximately*</td><td>anal yn i ddwrn: *breathless*</td></tr>
<tr><td>amcan: *inkling*</td><td>yfflon: *pieces, bits*</td></tr>
<tr><td>fel y galchen: *as white as a sheet*</td><td>wep: h.y. gwep, *grimace*</td></tr>
<tr><td>enws: h.y. enwodd (enwi)</td><td>pallu (D.C.): gwrthod, *to refuse*</td></tr>
<tr><td>fel se: h.y. fel petasai</td><td>cyfadde: h.y. cyfaddef, *to admit*</td></tr>
<tr><td>croci: h.y. crogi, *to hang*</td><td>colled gwyllt arno: *angry, furious*</td></tr>
<tr><td>rhyteg trw'r talcen: rhedeg heibio i ochr y tŷ</td><td>strŵa (D.C.): h.y. dinistrio, *to destroy*</td></tr>
</table>

Ta beth, ôdd dim llawer gwell shâp ar un o'ni pan ôn ni'n barod i fynd o'r tŷ y bore ar ôl 'ny: Wil a'i dad fel 'ta nhw'n mynd i angladd u mam-gu, a Jac yn dishgwl fel 'te fe'n barod i ladd rhywun.

Pan ôn ni ar fynd, a phawb yn symud at y drws, 'ma Jane Tomos yn galw o'r gecin fach.

'William!'

'Ie, Mam?'

'Dere 'ma.'

'Ma Wil yn troi nôl. 'Cerwch chi mlân; fe fydda i ar ych gôl chi nawr.'

Ond aros nethon ni, tu fâs i'r tŷ. Gollws Jac i liw pob tamed, yn aros fanny yn cnoi'i 'winedd. Ond o'r diwedd, 'ma Wil yn dod. Ôdd o'n gwenu o glust i glust ac yn cario parsel bach o dan i gesel.

'Beth yw hwnna sy gyta ti?' medde Jac.

'Be chi'n feddwl?' medde Wil, yn gwenu dros i wineb i gyd—'Pâr o sane ma mam wedi'u gwau i fi!'

'Gâd dy gelwdd!' medde Jac yn hurt—'pwy liw ŷn nhw? Coch sy fod, cofia, yr un peth â'r *jerseys!*'

'Beth yw'r ots pwy liw ŷn nhw!' medde Wil. 'Wy'n mynd i wishgo nhw, ta fel bydd hi!'

A dyna pam ôdd sane coch 'da phob un o wharwyr Cymru y dywyrnod 'ny—*ond* Wil . . .

Ys dŵad Jane Tomos wrth honco sda fi y nosweth 'ny: 'Wy'n ffond iawn o nefi blw, yn enwetig i ddynon.'

'winedd: h.y. ewinedd, *fingernails*
cesel: h.y. cesail, *armpit*
gâd dy gelwdd: h.y. gad dy gelwydd, *don't lie*
honco (D.C.): h.y. honacw, *that one*

117

Kate Roberts
Ffair Gaeaf

Y Taliad Olaf

Ddoe, buasai'r ocsiwn ar y stoc yn y tyddyn. Heddiw symudodd
Gruffydd a Ffanni Rolant i'r tŷ moel i orffen eu hoes. Heno, safai
Ffanni Rolant yn union o flaen y cloc yn y tŷ newydd, gan wneud
cwlwm dolen ar ruban ei bonet o dan ei gên. Edrychai ar y
bysedd fel y bydd plentyn wrth ddysgu faint yw hi o'r gloch, fel pe
na bai'n siŵr iawn o'r amser. Nid ei golwg oedd y rheswm dros ei
hagwedd ansicr, ond pwysigrwydd y foment. Yr oedd wrthi'n
llusgo gwisgo amdani ers meityn ac yr oedd yn awr yn barod, ond
mynnai ogordroi o gwmpas y cloc fel pe carai ohirio'r peth. Nid
oedd yn rhaid myned heno, wrth gwrs; gwnâi yfory'r tro, neu'r
wythnos nesaf o ran hynny. Eithr gwell oedd darfod ag ef, ac wrth
fynd heno, ni thorrai ar arferiad blynyddoedd o fynd i dalu i'r
siop ar nos Wener tâl. Onid âi, byddai'n rhaid iddi eistedd yn ei
thŷ newydd heb glywed buwch yn stwyrian am y pared â hi, a
meddwl am yr hen dŷ y buasai'n byw ynddo am dros hanner
canrif, ac yr oedd yn rhaid iddi gynefino rywsut â dyfod at ei thŷ
newydd o wahanol gyfeiriadau.

Eisteddai ei gŵr wrth y tân yn darllen, mor gysurus ag y byddai
wrth y tân yn yr hen dŷ. Anodd oedd meddwl nad oedd ond pum
awr er pan orffenasant fudo a rhoi'r dodrefn yn eu lle. Darllenai
gan fwnglian y geiriau'n ddistaw wrtho ef ei hun, a mwynhâi wres
y tân ar ei goesau. Ni olygai'r mudo lawer iddo ef. Yr oedd yn
dda ganddo adael y tyddyn a'i waith. Câi fwy o hamdden i
ddarllen, a gallai ef fod yn ddidaro wrth adael y lle y bu'n byw

---

tŷ moel: *tŷ heb dir*
yn union: *exactly*
cwlwm dolen: *bow-knot*
gên: *chin, jaw*
llusgo gwisgo: *slowly dressing*
ers meityn: *ers tipyn*
mynnai: *she insisted* (mynnu)
gogordroi: *to dawdle*
gohirio: *to postpone*

darfod: *to finish*
arferiad: *custom*
onid âi: *unless she went* (mynd)
stwyrian: *to stir*
pared: *wall*
cynefino: *to become accustomed to*
mudo: *symud*
mwnglian: *to mumble*
didaro: *unaffected, unconcerned*

118

ynddo er dydd eu priodas. Nid felly hi. O'r dydd y penderfynasant ymadael, aethai hi drwy wahanol brofiadau o hiraeth a digalondid ac o lawenydd. Y llawenydd hwnnw oedd achos pwysigrwydd y noson hon. Am y tro cyntaf yn ei hoes briodasol fe gâi orffen talu ei bil siop. Gydag arian yr ocsiwn ddoe y gwnâi hynny.

'Rydw i'n mynd,' meddai hi wrth ei gŵr, dan blygu ei rhwyd negesi, a'i rhoi dan ei chesail o dan ei chêp.

'O'r gora,' meddai yntau, gan ddal i ddarllen heb godi ei ben. Rhyfedd mor ddifalio y gallai ei gŵr fod. Nid oedd pwysigrwydd y munud hwn yn ddim iddo ef. Anodd credu iddo gael un munud mawr yn ei fywyd, na theimlo eithaf trueni na llawenydd. Caeodd hithau'r drws gyda chlep, a chafodd hamdden i feddwl efo hi ei hun. Yr oedd heno'n brawf pellach iddi mai gyda hi ei hun y gallai hi ymgyfathrachu orau. Prin y gallai neb ddeall ei meddyliau, neb o'i chymdogion na'i gŵr hyd yn oed. Dyma hi heno yn gallu gwneud y peth y bu'n dyheu am ei wneud ers degau o flynyddoedd o leiaf—medru cael stamp ar ei llyfr siop a 'Talwyd' ar ei draws.

Pan briododd gyntaf, nid oedd ond Siop Emwnt yn bod, ac yr oedd honno yn y Pentref Isaf—ddwy filltir o'i thŷ, a phob nos Wener troediai hithau i lawr gyda'i rhwyd a'i basged ac ar y bedwaredd wythnos, wedi nos Wener tâl, deuai cart a cheffyl y siop â'r blawdiau i fyny.

Am yr hanner canrif o'r cerdded hwnnw y meddyliai Ffanni Rolant wrth daro ei throed ar y ffordd galed. Ni fethodd wythnos erioed ond wythnos geni ei phlant, bob rhyw ddwy flynedd o hyd. Fe fu'n mynd trwy rew a lluwch eira, gwynt a glaw, gwres a hindda. Fe fu'n mynd pan fyddai ganddi obaith magu, a phan orweddai rhai o'r plant yn gyrff yn y tŷ. Bu'n rhaid iddi fynd a chloi'r drws ar bawb o'r teulu ond y hi yn y gwely dan glefyd.

---

profiadau: *experiences*
digalondid: *depression*
dan blygu: *folding*
rhwyd negesi: *net bag*
cesail: *armpit*
difalio (G.C.): *indifferent*
eithaf: *extreme*
clep (G.C.): *a bang*

ymgyfathrachu: *to communicate*
dyheu: *to desire*
blawdiau: *bags of flour*
lluwch eira: *snowdrift*
hindda: *tywydd braf*
cyrff: *bodies*
clefyd: *illness, fever*

Bu'n rhaid iddi fynd ar nos Wener pan gleddid dau fochyn nobl iddi, Gruffydd Rolant wedi gorfod eu taro yn eu talcen am fod y clwy arnynt, a hithau'n methu gwybod o ba le y deuai'r rhent nesaf. Yr oedd yn rhaid iddi fynd pan nad oedd cyflog ei gŵr yn ddigon iddi drafferthu ei gario gyda hi. Mae'n wir iddi fynd â chalon lawen weithiau hefyd ar ben mis da, pan fedrai dalu swm sylweddol o'i bil. Ond wrth edrych yn ôl, ychydig oedd y rhai hynny o'u cymharu â'r lleill. Gwastadedd undonog y pen mis bach a gofiai hi orau.

Y ffordd hon o'i thŷ i siop Emwnt oedd ei chofiant. Er gwaethaf cyflog da weithiau ni fedrodd erioed glirio'r gynffon yn y siop. Pe gallasai, nid i'r Pentref Isaf yr aethai heno, oblegid erbyn hyn yr oedd digonedd o siopau yn y Pentref Uchaf, cystal â siop Emwnt bob tipyn ac yn rhatach, ond oherwydd na allodd erioed dalu ei dyled yn llawn, bu'n rhaid iddi eu pasio bob nos Wener. Yn awr pan oedd yn dair ar ddeg a thrigain y medrai brynu gyntaf yn un ohonynt. Mae'n wir i'r ddeupen llinyn fod yn agos iawn at ei gilydd weithiau, ond pan fyddai felly, fe ddôi salwch, neu farw, a'u gyrru'n bellach wedyn. Ac yn ddistaw bach, y mae'n rhaid dweud i'r ddeupen llinyn fod yn agos iawn at ei gilydd unwaith neu ddwy, ac y gallasai hithau orffen talu ei bil.

Ond yr oedd gan Ffanni Rolant chwaeth, peth damniol i'r sawl a fyn dalu ei ffordd. Fe wyddai hi beth oedd gwerth lliain a brethyn. Yr oedd yn bleser edrych arni'n bodio. Yr oedd rhywbeth ym mlaenau ei bysedd ac ym migyrnau ei dwylo a fedrai synhwyro brethyn a lliain da. Yr oedd ei dull o drin a bodio defnyddiau yn gwneud i rywun ddal sylw arni. Unwaith neu ddwy, pan oedd o fewn ychydig i dalu ei ffordd, fe ddôi'r demtasiwn o gyfeiriad Emwnt yn y ffurf o liain bwrdd newydd.

---

cleddid: *were buried* (claddu)
nobl: *fine*
y clwy: *infectious disease*
trafferthu: *to bother*
sylweddol: *substantial*
gwastadedd: *plain*
undonog: *monotonous*
oblegid: *achos*
cofiant: *biography*
er gwaethaf: *in spite of*
cynffon: *backlog*

deupen llinyn: *two ends (of string)*
chwaeth: *taste*
a fyn dalu: *who insists on paying* (mynnu)
lliain: *linen*
brethyn: *cloth*
bodio: *to thumb, to handle*
ym mlaenau ei bysedd: *in her fingertips*
ym migyrnau ei dwylo: *in her wrists*
synhwyro: *to sense*
dull: *manner*
trin: *to handle*

Methai hithau ei gwrthsefyll. Gwelai'r lliain hwnnw ar ei bwrdd cynhaeaf gwair, ac fe'i prynai. Cofiai am y pethau hynny wrth ymlwybro tua'r Pentref Isaf heno. Cofiai am y llawenydd a gâi o brynu pethau newydd ac am y siom a ddeuai iddi'n fisol o fethu talu ei bil. A dyma hi heno'n mynd i'w dalu, wedi deuddeg mlynedd a deugain o fethu, ac nid ag arian y cyflog chwaith. Dylasai fod yn llawen, oblegid yr oedd rhai'n gorfod mynd o'r byd a chynffon o ddyled ar eu holau. Yn wir yr *oedd* yn llawen, buasai'n llawen ers dyddiau wrth feddwl am y peth. Ond fel y nesâi at y siop, nid oedd mor sicr.

Agorodd glicied yr hanner drws a arweiniai i'r siop, ymwthiodd drwyddo a disgynnodd yr un gris i lawr y siop, llawr llechi a'r rhai hynny wedi eu golchi'n lân, ond bod yr ymylon yn lasach na'r canol.

Yr oedd yr olygfa a'r ogleuon yn gynefin iddi—cymysg aroglau oel lamp, sebon, a the, a'r sebon yn gryfaf. Golau pŵl oedd oddi wrth y lamp a grogai o'r nenfwd—golau rhy wan i dreiddio i gorneli'r siop. Yr oedd anger' llwyd hyd y ffenestr. Byddai hwn a'r golau gwan yn gwneud i Ffanni Rolant deimlo bob amser mai siop yn y wlad oedd y drych tristaf mewn bywyd.

Fel arfer ar nos Wener tâl yr oedd y siop yn hanner llawn, o ferched gan mwyaf, a phawb yn ddistaw ac yn ddieithr ac yn bell, fel y byddent ar nos Wener tâl, yn wahanol i'r hyn fyddent pan redent yn y bore i nôl sgram at 'de ddeg'.

Yr oedd y cyfan, y distawrwydd a'r ofn, fel gwasanaeth y cymun, a'r siopwr yn y pen draw yn gwargrymu wrth ben y llyfrau a ffedog wen o liain sychu o'i flaen. Edrychai Ffanni Rolant o'i chwmpas ar y cysgodion hir a deflid ar y silffoedd, y cownter claerwyn yn bantiau ac yn geinciau, y clorian du a'i

---

gwrthsefyll: *to withstand*
cynhaeaf gwair: *harvest*
clicied: *latch*
llawr llechi: *flagstones*
ogleuon (G.C.): *smells*
cynefin: *familiar*
pŵl: *dull, dim*
a grogai: *that hung* (crogi)
nenfwd: *ceiling*
treiddio: *to penetrate*
anger' (G.C.): h.y. angerdd, *vapour*

drych: *spectacle*
dieithr: *unfamiliar, strange*
sgram: *a treat*
te ddeg: *elevenses*
cymun: *communion*
gwargrymu: *to stoop*
ffedog wen: *white apron*
a deflid: *that were cast* (taflu)
claerwyn: *brilliant white*
pantiau: *hollows*
ceinciau: *knots*

bwysau haearn, y cistiau te duon a'r 1, 2, 3, 4 arnynt mewn melyn, a'r sebon calen. Yr wythnos nesaf byddai'n prynu mewn siop lle'r oedd cownter coch, a chlorian a phwysau pres, a'r siopwr yn gwisgo côt lwyd. Ni ddywedai neb ddim wrth neb ar ôl y 'Sut ydach chi heno?' Fe droes un wraig i edrych ddwywaith ar Ffanni Rolant am ei bod yn gwisgo cêp yn lle siôl frethyn. Daeth ei thwrn hithau, ac ni ddywedodd y siopwr ddim wrth iddi dalu'n llawn. Yr oedd fel petai'n deall. Rhoes hanner sofren o ddiscownt iddi, yr hyn a ddychrynodd Ffanni Rolant. Disgwyliai gael hanner coron. Un peth na ddaeth i feddyliau Ffanni Rolant ar ei ffordd i lawr oedd y ffaith iddi dalu dros ddwy fil o bunnau i'r siopwr er pan briododd. Prynodd ychydig bethau a thalodd amdanynt.

'Mae'n debyg na ddo' i ddim i lawr eto,' meddai hi.

Nodiodd y siopwr ei ddeallitwriaeth. Cerddodd hithau allan o'r siop. Ymbalfalodd am y glicied, a chliciedodd hi'n ofalus wedi cyrraedd allan.

Edrychodd drwy'r ffenestr lwyd, a gwelai'r siopwr eto â'i ben i lawr dros lyfr rhywun arall.

---

pwysau haearn: *iron weights*	fe droes un wraig: *one woman turned* (troi)
cistiau te: *tea chests*	a ddychrynodd: *which amazed* (dychryn)
sebon calen: *bars of soap*	ymbalfalodd am: *she groped for* (ymbalfalu)
pres: *brass*	

D. J. Williams
Storïau'r Tir Glas

'Shistans!'

Yr oedd Moc y Berth wedi mynd yn drech na'i dad a'i fam ymhell
cyn iddo adael yr ysgol ddyddiol. Yr oedd yn gynt o draed na'i
dad, a ddioddefai dipyn gan y gwynegon yn ei glun chwith, a hyd
yn hyn, ni chyraeddasai adref ocheneidiau a gweddïau llefgar ei
fam.

Dynes ddwys ydoedd Marged Ifans, yn cadw ei chyfrinach iddi
hi ei hun. Pregethwr ydoedd Morgan ei mab i fod, er na wybu
neb ond hi a'r Arglwydd mo hynny erioed. Y fath ydyw cyfrinach
mam! A dyma fe'n awr yn grwt pymtheg oed, a sôn amdano gan
bawb fel y drycaf o blant yr ardal. Gyda dagrau yn ei llygaid un
bore wrth hau dyrneidiau bras o India corn i'r ieir, gorfu arni
gyfaddef iddi eisoes gael mwy o ofid ganddo ef na chan y chwe
phlentyn arall gyda'i gilydd. Yn symlrwydd ei chalon ofnai
weithiau mai cosb arni hi ydoedd hyn oll am ryfyg ei huchelgais
yn meddwl am godi mab yn bregethwr.

Moc ydoedd y cyw melyn olaf o'r nyth yn y Berth. Nyth ddigon
bach ydoedd, hefyd, o ran hynny—rhy fach o lawer i ddal y
cywion i gyd ar y tro. Bu raid i'r hynaf ohonynt ysgathru dros ei
hymyl, ymhell cyn i Moc dorri'r plisgyn—a siarad yn ffigurol.
Cafodd felly, fel y gwacâi'r nyth, fwy o le i fagu pluf—ac i estyn ei
gwils hefyd.

Darganfu Moc werth rhyddid yn gyntaf oll drwy gyfrwng ei
goesau. Ers tro bellach, gellid dweud y gweithredai'r rhiwmatic
yng nghlun chwith y tad yn lled gywir fel barometer i ddynodi

---

yn drech na: *too much for*
yn gynt o draed: *faster*
gwynegon: *rheumatism*
ocheneidiau: *sighs*
gweddïau lleddfgar: *plaintive prayers*
dwys: *intense*
gwybu neb: *nobody knew* (gwybod)
drycaf: mwyaf drwg

hau: *to sow*
dyrneidiau bras: *large handfuls*
rhyfyg: *arrogance*
ysgathru: *to scarper*
plisgyn: *shell*
pluf: *feathers*
y gweithredai'r rhiwmatic: *that the rheumatics
acted* (gweithredu)

123

ymarweddiad y mab. Po waethaf y gwynegon gwaethaf oll fyddai Mocyn; a phan laciai hwnnw byddai Mocyn, am beth amser o leiaf, rywbeth yn debyg i ryw grwt arall.

Dyn gwyllt, difeddwl ydoedd y tad, neu Morgan Mowr, fel y'i hadwaenid yn aml cyn i'w olaf-anedig gael ei alw'n gyffredin yn Moc. Yr oedd mor barod i daro ag ydoedd i faddau. Ni roed iddo fawr o ddawn nac ymadrodd y tad delfrydol i geryddu'n ddoeth, fel y dôi maeth a chynnydd i'r eginyn tyner dan ei ofal. Ond yr oedd ganddo ddwrn caled, disymwth fel mellten. Cyn i'w annwyl fab, Morgan, wybod o gwbl beth a ddigwyddasai fe'i câi ei hun rywsut yn araf ddadebru ymhlith y poteli o dan y seld, a chnul yn ei glust gliriach o lawer na chloch y llan. Ond yr oedd Moc fel eingion gof; po galetaf y'i trewid, caletaf yr âi. Byddai pob dyrnod a gâi drachefn fel haearn poeth yng nghafn dŵr yr efail, yn trywanu calon ei fam.

Y diwrnod cynt, a Marged Ifans yn taenu'r dillad ar y berth wrth dalcen y tŷ, wedi bod wrthi yn golchi'n galed drwy'r bore, gan rannu ei meddwl rhwng cadw ffagl o goed ac eithin dan y cawl ar gyfer cinio ac amryw fân orchwylion teuluol eraill, clywodd lais sydyn ei gŵr mewn tymer uchel. Nid peth newydd ydoedd hyn, y mae'n wir; ond nis clywsai erioed â'i wich mor fain â'r tro hwn, debygai hi. O droi i edrych, gwelai Moc yn dawnsio ac yn neidio o flaen ei dad yn y cae gerllaw, â'i ddyrnau crynion yn troi fel yr awel, mewn mosiwn ymladd. Rhoddai ambell waedd

---

ymarweddiad: *behaviour*
po waethaf y gwynegon: *the worse the rheumatism*
a phan laciai hwnnw: *and when that slackened* (llacio)
fel y'i hadwaenid: *as he was known* (adnabod)
delfrydol: *ideal*
ceryddu: *to chastise*
maeth: *nourishment*
cynnydd: *progress*
eginyn: *shoot*
disymwth: *sudden*
mellten: *bolt of lightning*
dadebru: *dod ato'i hun*
cnul: *knell*
eingion gof: *a blacksmith's anvil*

po galetaf y'i trewid: *the harder he was struck* (taro)
dyrnod: *blow*
drachefn: eto
cafn dŵr: *water trough*
efail: *smithy*
trywanu: *to pierce*
taenu: *to spread*
perth (D.C.): clawdd, *hedge*
talcen: *gable-end*
ffagl (D.C.): *fire*
eithin: *gorse*
mân oruchwylion: *small tasks*
gwich: *squeal*
main: *shrill*
crynion: llu. crwn, *round*

sialensaidd i bryfocio ei dad yn waeth; ond gofalai gadw pellter parchus rhyngddo ac ef ar yr un pryd. Gweai Moc ei gylchau dyrnol yn chwim o gwmpas ei dad; ac ni fyddai waeth i hwnnw a'i wynegon poenus geisio'i ddal nag i glacwydd cloff geisio dal gwennol.

Er blasused aroglau'r cawl a'r olwg hyfryd ar y dorth fawr rwyllog o fara gwenith cartre ar ganol y bwrdd cinio, eto, ychydig iawn a fwytâi Marged a Morgan Ifans yr hanner dydd hwnnw; a siaradent lai byth. Yr oedd Moc yn eisiau. Gwyddai'r ddau'n lled dda ble'r oedd. Ond ofnent dorri gair ar y pen rhag agor drachefn, am y canfed tro, hen gwestiwn poenus iddynt, ac y methent yn lân ei setlo—beth a ddeuai o'i mab, Morgan? Ofnai'r tad weithiau fod y fam yn tueddu i swcro tipyn gormod ar Moc yn ei ddrygioni, a bod ei geryddon parod yntau, o ganlyniad, yn syrthio'n fyr o'u hamcanion. Credai hithau fod gwell ffordd i'w gael ar ei bachgen na'i 'ffwmbastan a'i bwno'. Nid oedd macas y bore hwnnw, felly, ond cleimacs naturiol ymdrechion y tad fel diwygiwr. Ac yn sicr, nid dyna'r adeg gymhwysaf i athronyddu uwchben y mater.

Hobi bennaf Moc ers rhai wythnosau bellach ydoedd bocso— byth oddi ar pan ddaeth Dai Pen Ddôl adref o'r Rhondda adeg y streic, â'r gelfyddyd fawr honno i'w ganlyn. Yn wir, gellid dweud mai Moc ydoedd pêl bwno'r ardal. Yr oedd yn hen gyfarwydd â'r oruchwyliaeth gartref. Derbyniai ergydion fel cesair, gyda rhyw wên hanner maleisus, hanner croesawgar ar ei wyneb a achosai wir benbleth yn aml i'w wrthwynebydd. Ni wyddai neb, hyd yn oed Dai Pen Ddôl, ymhle y disgynnai ei ergyd nesaf. Tra parhaodd y dwymyn boeth hon yng ngwaed ifanc yr ardal, nid syn fyddai gweld twr o fechgyn, wedi diwrnod o waith trwm ar y tir,

---

gweai M.: *M. wove* (gweu)
yn chwim: *swiftly, nimbly*
clacwydd cloff: *a lame gander*
gwennol: *a swallow*
rhwyllog: *latticed*
bara gwenith: *wheat bread*
torri gair ar y pen: *to break the silence*
swcro: *to mollycoddle*
ffwmbastan (D.C.): bwmbastan, *to thrash, to bumbaste*
pwno: h.y. pwnio, *to beat*

macas (D.C.): bacas, trwbl
ymdrechion: *efforts*
diwygiwr: *reformer*
cymhwysaf: mwyaf cymwys, *most suitable*
athronyddu: *to philosophize*
i'w ganlyn: gyda fe
goruchwyliaeth: *stewardship*
ergydion: *blows*
penbleth: *quandary*
twymyn: *fever*
twr: *a crowd*

wrthi'n ddygn eto, hyd drymder nos, yn cledro'i gilydd i bared, a Moc, wrth gwrs, yn y canol—ac yn gollwng arni. Diau bod greddf y taro'n gryfach na gwyddor yr arbed yn eu plith. Ond pa wahaniaeth? Yr oeddynt yn cael hwyl wrth y gwaith, er gwaethaf ffroenau tew a braich ac ysgwydd digon dolurus wrth droi at eu gorchwylion yn dra bore, drannoeth.

Ni ddaeth Moc adre'r noson honno chwaith. Arhosai gyda'i arwr, Dai Pen Ddôl, a glywsai'r bore hwnnw fod y streic fawr, streic '98, bellach drosodd. Yr oedd Moc wedi taflu aml awgrym swrth yn ddiweddar ei fod ef am fynd i'r gweithiau cyn gynted ag y byddai pethau wedi setlo yno.

Gwyddai ef y byddai'n rhaid i'w dad yn bur fore drannoeth gychwyn â'r fuwch a'r llo i'r ffair. Felly, wedi gweld bod llwybr clir ganddo, disgynnodd ar glos y Berth, yn union ar ôl brecwast, mor ffres ag eirinen, gan erfyn ar ei fam i'w helpu'n ddi-oed i hel ei bac at ei gilydd—gan ei fod yn benderfynol o fynd bant yn syth y diwrnod hwnnw gyda Dai Pen Ddôl i'r gweithiau. Er bod ei chalon mewn gwirionedd ar dorri gan drallod oherwydd yr ymadawiad sydyn hwn, eto yr oedd Marged Ifans yn ddynes ddoeth, a theimlai o dan yr amgylchiadau nad oedd dim arall yn bosibl. Ni chymerai'r byd am i'w chymdogion wybod am y cwympo ma's cyson rhwng ei phriod a'i mab. Ond yr oedd y meddwl am yr olaf o'i phlant yn ei gadael y bore hwnnw yn y modd yma, a mynd i'r gweithiau, lle yr oedd cymaint o yfed ac annuwioldeb—fel y clywsai'r pregethwr yn dweud lawer tro—yn llethu ei nerth yn lân ambell funud, wrth geisio gwasgu ei bilynnod du'r ddafad, swmpus, a chael lle iddynt yn y bocs pren coch, a fu mewn iws gan ddau neu dri o'r plant eraill o'i flaen.

---

yn ddygn: *intently*
trymder nos: *dead of night*
yn cledro'i gilydd i bared: *hitting each other senseless*
yn gollwng arni: *letting rip*
diau: *doubtless*
greddf: *instinct*
gwyddor: *principle*
arbed: *to spare, to refrain from*
ffroenau: *nostrils*
arwr: *hero*

swrth: *abrupt, sullen*
y gweithiau: *the industrial south*
erfyn: *to beg, to plead*
di-oed: *without delay*
trallod: *worry*
annuwioldeb: *ungodliness*
llethu: *to overpower, to overwhelm*
nerth: *strength*
pilynnod du'r ddafad (D.C.): *dillad tywyll*
swmpus: *bulky*

I bob golwg llygad edrychai Moc yn gwbl ddidaro. O'i flaen yr oedd yr antur fawr o weld y byd, ennill arian drosto'i hun, a dod yn ôl ambell dro, i blith ei hen gyfoedion 'yn fachan bach o'r gweithie'. Wrth ffarwelio ag ef, a'r dagrau'n dilyn ei gilydd dros ei gruddiau pryderus, ceisiodd roi cyngor neu ddau iddo. Gwrthododd Moc yn chwyrn iddi roi cusan iddo, fel peth rhy fabïaidd yn ei olwg.

'Cofia di, gwas,' meddai hi wrtho, 'y mae tacle siarp i'w cael tua'r gweithe 'na; ac os cei di dy hunan ryw dro mewn cyfyngder cofia weiddi "Shistans!" '

' "Shistans," wir! Chi a'ch "Shistans!" ' meddai Moc, a dirmyg pur yn ei lais wrth ysgafnu pwysau'r bocs hirgul ar ei ysgwydd, a brysio i gyfeiriad bwlch y clos, a Phen Ddôl, a'r gweithiau. Ar y ffordd llenwid ef gan wrthuni'r syniad y byddai raid iddo ef ofyn i neb byth am 'Shistans', ys dywedai ei fam ffôl, ac yntau eisoes ar ei ddyrnau, yn ôl addefiad pawb, yn un o wŷr mwyaf addawol ardal ei febyd. 'Fe rof i "shistans" iddyn nhw, 'mhelen nhw ryw lawer â fi,' ymsoniai Moc yn heriol.

* * *

Ryw noson, ymhen rhai blynyddoedd ar ôl hyn, yr oedd Moc y Berth yn troi ac yn trosi yn ei wely, ac yn methu'n lân â chysgu. Rhedai digwyddiadau'i fywyd drwy'i feddwl fel lluniau byw. Yn y gweithiau'r oedd ef yn awr, a'r wlad ymhell o'i ôl; ond ni ddarfu'r hiraeth amdani o gwbl yn ei galon. Rhyw freuddwyd annaturiol ydoedd y pwll glo iddo drwy'r cyfan, er ei fod yn ennill arian da ac nad oedd arno ddim ofn gwaith.

Ond heno, yr oedd y byd fel pe buasai wedi ymgynghreirio i'w drechu'n llwyr, a chau arno yng nghawell cyfyng yr ystafell wely

---

didaro: *unaffected, unconcerned*
cyfoedion: *contemporaries*
gruddiau: bochau, *cheeks*
yn chwyrn: *vehemently*
tacle: h.y. taclau, *rascals*
cyfyngder: *trouble, distress*
dirmyg: *scorn*
bwlch y clos (D.C.): *inner gate of the farmyard*
gwrthuni: *absurdity*
addefiad: *admission*

addawol: *promising*
mebyd: *childhood*
'mhelen nhw: *if they meddle* (ymhél)
ymsoniai M.: *M. said to himself* (ymsonio)
yn heriol: *defiantly*
ni ddarfu'r hiraeth: *the longing didn't fade*
  (darfod)
ymgynghreirio: *to gather itself*
trechu: *to defeat*
cawell cyfyng: *confined cage*

fach hon â'r papur lliwgar, streipog ar y wal—y streipiau oll yn cyd-redeg yn ddiorffwys o union; y tŷ bach, sgwâr—drws a ffenestr ar lawr a dwy ffenestr uwchben—yn hollol yr un fath â phob tŷ arall yn y stryd; a'r stryd hir, unffurf, fel sarff fraith yn ymestyn dros ochr y bryn, yr un fath â phob stryd hir arall yn y cwm hir hwnnw. Ie, hunllef oedd y cyfan. Ond sut yr oedd ffoi o'i gafael? Heno, yr oedd dau beth arbennig yn ei boeni ac yn aflonyddu arno: llygad du mawr fel rhaw yn gorchuddio un rhan o'i wyneb, a rhyw 'ganu'r cythrel' yn un o'r capeli i fyny'r stryd yno yn rhywle. 'Os ta' shwd nade 'na yw'r Diwygiad, yn poeni enaid dyn fel hyn, wel, i ddiawl ag e,' meddai Moc, gan droi'n chwyrn a thynnu'r dillad dros ei ben i foddi sŵn cynulleidfa'n canu'n orfoleddus.

Nid oedd hi ond naw o'r gloch eto, mewn gwirionedd, ryw dipyn cyn y Nadolig, blwyddyn y Diwygiad. Cododd Moc o'i wely am y chweched tro'r noson honno, a golau cannwyll i geisio'i ddarbwyllo ei hun drwy gyfrwng glàs poced chwecheiniog â chrac amlwg drwy'i ganol, fod y chwydd glasddu tan ei lygad yn cilio tipyn. Yno, yn ei grys gwlanen cartref yr eisteddai ar ymyl y gwely, gan graffu'n fanwl ar bicil ei wyneb; ei goesau blewog, cyhyrog, wedi eu datblygu'n berffaith gan waith caled a phob ymarfer corff. Ychydig uwchben ei ben-lin dde yr oedd craith las lle y disgynasai carreg bigog o'r top ryw dro.

Er gwaethaf lliwiau'r papur syrcas ar ei wyneb a chyflwr anesmwyth ei feddwl heno, dôi rhyw gymaint o falchder i'w fryd ambell eiliad, wrth edrych yn ôl dros y pum neu chwe blynedd y buasai ef yn y gweithiau. Yr oedd iddo dipyn o enw ymhlith ymladdwyr ifainc y rhan honno o'r Cwm. Ef, bellach, ydoedd arwr ei hen arwr, Dai Pen Ddôl, ac ymffrost bennaf hwnnw bob

---

yn ddiorffwys o union: *relentlessly straight*
sarff: *a serpent*
braith: *speckled*
hunllef: *nightmare*
aflonyddu: *to disturb*
gorchuddio: *to cover*
canu'r cythrel: h.y. canu'r cythraul, *wailing*
Diwygiad: *the Methodist Revival*
enaid: *soul*
boddi: *to drown*
yn orfoleddus: *jubilantly, triumphantly*

darbwyllo: *to convince*
chwydd: *swelling*
cilio: *to recede*
craffu: *to look intensely*
cyhyrog: *muscular*
craith: *scar*
pigog: *sharp*
lliwiau'r papur syrcas: h.y. *bright colours*
bryd: *mind, thoughts*
ymffrost: *boast*

amser wedi iddo gael diferyn. Rhaid i bob colier gwerth yr enw, medden nhw, gael rhyw hobi y tu fa's i'r talcen glo—cwrdd gweddi, milgi, côr meibion, neu rywbeth o'r fath. Ei hobi ef fu'r menig. Golygai hynny adael llonydd i'r cwrw, y sigaréts, a'r merched—eilun bethau'r sbarbiliaid hynny o gryts o tua'r un oed ag yntau. Ond dyna'r 'canu'r yffach' yna'n dechrau eto! Beth pe gwelai ei gyfoedion yr olwg arno'r funud honno? Beth pe gwelai ei fam ef? Ie, a neidiodd yn ôl, glwriwns, i'w wely unwaith eto, wedi colli ei amynedd yn llwyr.

Ie, ei fam. Hi yn bennaf, wedi'r cyfan, oedd yn gyfrifol am y wedd yma arno. Rhyw ddwy noswaith ynghynt, aethai i lawr yn ei ddillad diwedydd â'i fwffler a'i gap, am dro bach wrtho'i hun i'r Cwm. Wedi mynd rhyw gymaint y tu hwnt i'w bwynt arferol, lle nad oedd fawr neb yn ei 'nabod bellach, dyma ryw biglwydyn o grwt, budr ei wep, yn gweiddi ar ei gyfoedion, 'Hei, bois, dyma'r Cardi Coch yn paso!' Yn awr, er mai Cardi o'r Cardis ydoedd Moc, nid oedd dim yn gasach ganddo na chael ei gyfarch yn y dull hwn ar y stryd. Ni allai, felly, adael y sarhad o'i alw'n Gardi ym Morgannwg basio'n ddigerydd; a chan iddo etifeddu dwrn parod ei dad yr oedd y piglwydyn hir ei dafod yn disgyn yr ail eiliad, â'i heglau meinion i fyny tua gwaelod y gwli y daethai allan ohoni rywle, ar funud mor anffodus iddo.

Ond dechrau gofidiau ydoedd hyn oll i Moc. O'i gwmpas cyn pen eiliad yr oedd twr o lanciau'r Cwm, rhai'n hŷn nag ef, a rhai dipyn yn ieuengach, yn ei sialensio yn y modd mwyaf ffyrnig, i ymladd yn y gwli islaw—allan o olau'r stryd a llygad y plisman. Dewisodd Moc y mwyaf haerllug a bygythiol o'u plith; a chan fod y gwaith o'i flaen yn fawr, dechreuodd arni'n ddi-oed, ac yn dra effeithiol, drwy gwympo ei wrthwynebydd yn llorpyn ag un

---

milgi: *greyhound*
eilun: *idol*
sbarbil(iaid) (D.C.): *sparrowbill, tack, brad,*
  yn ffig. bechgyn tenau
glwriwns (D.C.): *with a crash*
amynedd: *patience*
gwedd: *appearance*
dillad diwedydd: *after-work clothes*
piglwydyn o grwt: *pale-faced youngster*

gwep: *grimace*
sarhad: *insult*
digerydd: *without rebuke*
etifeddu: *to inherit*
heglau meinion: *thin legs*
gwli (D.C.): *gully*
haerllug: *insolent, cheeky*
bygythiol: *menacing*
llorpyn (D.C.): *flat*

ddyrnod. Ac felly ag un neu ddau arall. Ond druan ohono; nid rhai i dynnu pig arnyn nhw mor rhwydd â hynny yw haid o ddryswyr a haliers a glowyr ifainc y Rhondda, pan fo enw da'r Cwm mewn perygl. Caeasant amdano fel picwn. Byddai yr un man iddo geisio curo i lawr allt o goed â'i ddyrnau moelion. Disgynnai ergydion caled fel cerrig o bob cyfeiriad arno—ei drwyn, ei ben, ei glustiau, ei lygaid—ble bynnag y gallai cenllysg o ddyrnau cyfarwydd â'r grefft gael cyfle i gyrraedd ato. Ond yn waeth na dim, o ganol y gawod ergydion hyn clywodd eco o'r gair dirmygus hwnnw 'Shistans!' o'r eiddo ei fam, fore ei ymadawiad â chartref, a hynny mor glir yn ei glustiau â phe llefaresid ef y funud honno; a pharlyswyd ei freichiau'n llwyr. Ie, ei fam oedd yn gyfrifol am y gosfa druenus hon a gafodd, ac nid neb arall. Ac yn ei ymson torrodd allan i ryw hanner wylo yn ei nwyd a'i ddicter.

'A dyna'r canu yffarn yna yto; Melltith arni!'

Dyma'r drydedd noswaith, ymsoniai ymhellach, iddo fynd i'r gwely'n syth o'r twbyn ymolch, dan yr esgus ei fod wedi blino'n enbyd—ond mewn gwirionedd rhag i'w gyd-letywyr weld yr olwg arno, a'i boeni'n ddidrugaredd ynghylch hynny. (Yr oedd düwch y lofa'n ddisgéis digon da yn ystod yr oriau gwaith.) Ac yn awr, dyma fe, fel hen fam-gu yn y gwely am naw o'r gloch y nos; ei ben fel bwced, a'i wyneb mor gleisiog â'i gydwybod, oherwydd ei ffolineb byrbwyll yn taro'r crwt cegog hwnnw gyntaf, y noson o'r blaen. Eto, pe cawsai ef afael arnyn nhw yn un ac un, fe fyddai siapse pert arnyn nhw cyn pen fawr o dro.

> 'Pe-e-en Calfaria,
> Pe-e-en Calfaria,
> Nac aed hwnnw byth o'm cof—'

---

dyrnod: *blow, strike*
haid o ddryswyr (D.C.): *a gang of door-boys* (mewn pwll glo)
haliers (D.C.): *hauliers*
picwn (D.C.): *wasps*
moelion: llu. moel, *bare*
cenllysg: *a shower*
dirmygus: *contemptuous*
cosfa: *thrashing*
ymson: *soliloquy*

nwyd: *passion*
dicter: *anger*
melltith arni!: *damn it!*
yn enbyd: *extremely*
yn ddidrugaredd: *mercilessly*
glofa: pwll glo
cleisiog: *bruised*
cydwybod: *conscience*
byrbwyll: *rash*
cyn pen fawr o dro: cyn hir

canai cynulleidfa orfoleddus yn llawn afiaith ysbryd y Diwygiad, gan ddyblu a threblu'r gân. Gwrandawodd Moc am eiliad; a gwrando drachefn, a gwrando wedyn, nes ei lwyr anghofio ei hun yn y diwedd. Heb yn wybod iddo yr oedd yn ôl yn y wlad ar ei ffordd i'r seiat nos Iau, yn yr hen gapel bach. Cydiai yng nghornel ffedog ei fam, a'i droi a'i drosi yn ei ddwylo nes bod y darn hwnnw'n grimpyn bach diraen, erbyn cyrraedd y capel. Hithau'n gwau ei hosan ac yn gloywi ei adnod iddo, a'i gwefusau'n symud yn aml, aml. Ie, dyddiau hyfryd oedd y rheiny.

'Diawl! wna hyn ddim mo'r tro,' meddai Moc gan ddod yn sydyn ato'i hun, 'neu fe ga i'r Diwygiad, fel Wil y Maerdy. Ca', myn yffarn i.'

Neidiodd o'i wely eto, a'i ddwylo'n gwasgu ei glustiau rhag clywed rhagor o'r canu melltigedig hwnnw. 'Damo nhw! . . .' Meddyliodd am wisgo amdano a dianc allan i rywle.

Ond yno y bu, hyd oriau mân y bore, y darn callestr hwn, yn ymgodymu mewn ing a phoen yn ei wely, ac ar lawr yr ystafell, gan ymladd rownd galetaf ei fywyd—ei rownd olaf yn erbyn 'Shistans' ei fam.

---

afiaith: *zest*
crimpyn: *crumpled piece of cloth*
diraen: *shabby*
gloywi: *to polish*
adnod: *verse from the Bible*

myn yffarn i: h.y. myn uffern i, *bloody hell*
melltigedig: *accursed*
callestr: *flint*
ymgodymu: *to wrestle*
ing: *anguish*

Richard Hughes Williams
Storïau R. H. Williams

Y Gath Ddu

Pan oeddwn yn blentyn, dywedwyd wrthyf mai cath ddu oedd y creadur tebycaf i'r diafol yn bod.

Nid oeddwn yn gwybod faint o wir oedd yn hynny yr adeg honno, ond yn awr, yr wyf yn gwybod ei fod yn wir bob gair.

Mae gennyf gath ddu, ac os yw y diafol yn waeth na hi, mae yn waeth nag y disgrifiwyd ef erioed gan y Piwritan mwyaf selog.

Ond ymddengys bob amser y creadur diniweitiaf a fu byw erioed, a thwylla bawb o'i chwmpas.

Gall edrych fel sant pan fydd angen, a buasai dyn yn meddwl wrth ei gweld yn eistedd ar y gadair, ac yn cau ei llygaid fel pe buasai wedi cael digon ar y byd a phawb oedd ynddo, na buasai yn lladd gwybedyn. Yn wir, meddyliodd gwybedyn hynny, a disgynnodd ar ei thrwyn. Y munud nesaf, yr oedd yn trwsio ei adenydd mewn rhan arall o'i chorff. Mae yn ddifrifol meddwl pa faint o wybed mae'r gath yna yn eu twyllo mewn diwrnod.

Nid oes arni ofn cŵn o gwbl, yn enwedig pan fydd yn ddigon pell oddi wrthynt. Y dydd o'r blaen, yr oedd allan yn yr ardd pan welodd gi yn prysuro ati. Aeth i'r tŷ ar unwaith, ond rhag ofn mai eisiau ei gweld yn unig oedd ar y ci, safodd ar gadair yn ymyl y ffenestr, a dangosodd ei hun yn amlwg iddo. Gwnaeth fwy na hynny, galwodd ef ar bob enw gwaeth na'i gilydd yn ei dull cathwrol, dywedodd wrtho nad oedd ganddo ond un llygad a hanner cynffon, gwnaeth ystumiau arno nes oedd y ci druan yn rholio ar y llawr gan boen. Yna troes ei thrwyn arno, cystal â dweud ei fod yn rhy ffiaidd iddi edrych arno, ac aeth i gysgu.

Ond ei phrif hobi yw hela. Daeth yma o'r wlad, a chan ei bod wedi cael cyfle i hela popeth o gywion ieir i lawr i chwilod yno, yr

---

diafol: *devil*
selog: *zealous*
ymddengys: mae'n ymddangos *(to appear)*
diniweitiaf: mwyaf diniwed *(innocent)*
twylla: mae'n twyllo *(to deceive)*
gwybedyn: *a gnat*

disgynnodd: *it landed* (disgyn)
dull cathwrol: *catlike manner*
cynffon: *tail*
ystumiau: *gestures, grimaces*
ffiaidd: *loathsome*
chwilod: *beetles*

132

oedd yn llawn o ysbryd helwriaethol pan roes ei throed ar lawr y gegin yma y tro cyntaf.

Dechreuodd ddangos ei gallu yn y cyfeiriad yma trwy ddisgyn fel saeth ar bluen a oedd yn brif addurn het orau fy ngwraig, ond disgynnodd rhywbeth fel saeth arni hithau hefyd, a daeth i'r penderfyniad nad oedd hela yn cael ei werthfawrogi cymaint yn y dref ag yn y wlad.

Y gwaith caletaf a gefais erioed oedd ei chadw rhag mynd allan am dro ar ei chyfrifoldeb ei hun. Canfu hithau hynny, a gwnaeth fwy o ymdrech nag erioed i fynd. Yswatiai tu ôl i'r drws bob awr o'r dydd, a rhuthrai allan pan gâi gyfle. Ond yr oeddwn yn deall ei thriciau—hynny yw, y triciau hynny—ond yr oedd ganddi dric arall nad oeddwn i yn gwybod mwy amdano nag a ŵyr cyw gog am y sêr.

Un diwrnod, eisteddodd, neu yn hytrach gorweddodd, ar y mat wrth y drws, a dechreuodd gysgu o ddifrif. Yn wir, ni welais gath erioed o'r blaen yn cysgu mor drwm, nac mor hir. Yn y man, curodd rhywun wrth y drws, a chan fod y gath yn chwyrnu cysgu, fel y dywedir, meddyliais fod popeth yn iawn. Ond cyn gynted ag yr agorais y drws, deffrodd pws yn sydyn, ac allan â hi fel ergyd. Efallai y chwarddwch am fy mhen; ond coeliwch fi, nid yw yn destun chwerthin. Hen deimlad cas iawn ydyw y teimlad o fod wedi cael eich gwneud gan gath.

Ni ddaeth pwsi adref am swper y noson honno; hwyrach ei bod yn meddwl mai rhywbeth arall a gâi yn ei le. Nid oedd arnaf eisiau ei cholli er mor ddrwg oedd, gan fod Mam wedi dweud wrthyf, fel pe bai yn batrwm o gath, am fod yn garedig wrthi. Ni allaf lai na thynnu fy ngwallt y munud yma wrth feddwl am fod yn garedig ati. Mae y genawes wedi ei sbwylio gan garedigrwydd. Pe buasai yn rhyw fath o gath heblaw cath ar les, mi fuaswn wedi torri asgwrn ei chefn hi ar unwaith.

---

helwriaethol: *hunting*
saeth: *arrow*
pluen: *feather*
addurn: *decoration*
gwerthfawrogi: *to appreciate*
cyfrifoldeb: *responsibility*
canfu hithau: *she perceived, she saw* (canfod)
ymdrech: *effort*
yswatiai: *she would squat, she squatted* (yswatio)

cyw gog: *cuckoo chick*
yn y man: *presently*
chwyrnu cysgu: cysgu'n drwm
ergyd: *a shot*
chwarddwch: byddwch chi'n chwerthin
coeliwch fi: *believe me* (coelio)
hwyrach: efallai
cenawes: *vixen*
ar les: *on lease*

133

Ni ddaeth adref i chwilio am frecwast y bore dilynol chwaith. Yr oedd arnaf dipyn o ofn yn ei chylch, oherwydd os yw cathod y dref yn greaduriaid diolwg a hyll i edrych arnynt, gallant ddefnyddio eu hewinedd yn gynt o lawer na chathod y wlad. Felly, yr oedd arnaf ofn na fyddai pwsi yn dda i ddim ond i'w thaflu i'r drol faw pan welwn hi nesaf.

Euthum i'r tŷ i geisio meddwl pa beth a wnawn, ac wedi eistedd ac edrych i'r nenfwd am chwarter awr, daeth drych-feddwl hapus, fel y dywed y beirdd, i 'mhen i. Euthum allan, a gelwais ar hanner dwsin o fechgyn gwaethaf y dref at ei gilydd, ac wedi egluro y gath mor fanwl ag y gallwn, a gwasgu fy nhafod rhag dweud geiriau drwg, rhoddais ar ddeall iddynt y rhown chwe cheiniog i'r sawl a ddeuai â hi i mi gyntaf.

Rhedodd y bechgyn ymaith i bob cyfeiriad, a chydymdeimlais â phob cath ddu yn y dref. Ni ddychmygais erioed fod cymaint ohonynt yma, a synnwyd fi pan ddywedwyd wrthyf gan y bechgyn eu bod wedi gweld cannoedd. Ond yr oedd ganddynt gynffonnau i gyd, hynny yw pan welodd y bechgyn hwynt gyntaf, tra mai cath gynffon gwta oedd fy nghath i.

Fodd bynnag, yr oedd un o'r bechgyn wedi gweld cath gynffon gwta.

'Ym mha le?' gofynnais iddo.

'Ar ben cloc mawr,' atebodd.

'Wel, dos yno i'w nôl hi,' meddwn wrtho.

'Fedra i ddim,' atebodd.

'Wel, does dim chwech i'w gael am ei gweld. Rhaid i ti ddod â hi yma.'

Tynnodd y bachgen ei law trwy ei wallt, nes ei wneud yn fwy dyryslyd nag oedd cyn hynny.

'Fedra i ddim hedag,' meddai yn y man.

'Leiciwn i ddim dy weld ti yn ceisio,' meddwn wrtho.

'Ond sut y ca' i hi i lawr?'

---

diolwg: *plain-looking, insignificant*
ewinedd: *claws*
trol faw: *dust-cart*
nenfwd: *ceiling*
drych-feddwl: syniad
gelwais: *I called* (galw)
y sawl: *whosoever*
a ddeuai â: a fyddai'n dod â

ymaith: i ffwrdd, bant
cydymdeimlais â: *I sympathized* (cydymdeimlo â)
cwta: byr
fodd bynnag: *however*
dos (G.C.): cer (mynd)
dyryslyd: *tangled*
hedag: h.y. ehedeg, *to fly*

134

'Dyro dipyn o bupur ar ei chynffon hi.'

'Ond roeddach chi yn deud nad oedd gyni hi ddim cynffon, syr.'

'Wel, dyro bupur ar y fan y dyl'sa ei chynffon hi fod, ynte,' meddwn wrtho.

'Ond does gin i ddim pupur.'

'Aros am funud, ac fe af i chwilio am dipyn i ti.'

Euthum i'r tŷ, a thywalltais ychydig o bupur ar bapur, a rhoddais ef i'r bachgen. Tynnodd ei gap oddi ar ei ben, rhoes y pupur ynddo, yna gan ddal ei ben ar lawr, rhoes ei gap amdano, a ffwrdd ag ef gyda gobaith newydd yn ei galon. Y creadur bach. Ni welais ef mwy. Gobeithio nad yw wedi torri ei wddf wrth geisio rhoddi y pupur ar gynffon y gath!

Yn y man, daeth bachgen arall ataf, a dywedodd ei fod wedi gweld cath ddu â chynffon gwta wrth y parc gyda chyw iâr yn ei cheg. Rhoddais dair ceiniog iddo am fynd i ddweud wrth bawb mai cath wen oedd.

Gwelais yn awr pa fodd yr oedd y gath yn gallu byw cyhyd heb frecwast na swper. Yr oedd yn cael cinio, a gwell cinio na fi. Nid yn aml y byddaf i yn cael cywion ieir i ginio.

Cyn y nos daeth pedwar bachgen arall i fy ngweld. Yr oedd pob un ohonynt wedi gweld cath ddu. Mwy na hynny, yr oedd un wedi cydio yn hynny o gynffon oedd ganddi, ac wedi cael ei grafu yn dost am ei drafferth.

'Dydi hi ddim yn deg,' meddai.

'Beth ddim yn deg, gyfaill?' gofynnais iddo.

'Wel,' atebodd, 'tasa gan y gath yna gynffon, mi faswn wedi ei dal hi yn strêt.'

'Nid arna i mae y bai am hynny, ond ar y gath,' atebais.

'Mi ddylswn i gael ceiniog,' ebe y bachgen.

'Am beth?' gofynnais.

'Am gydiad yn ei chynffon hi.'

'Taswn i yn cael ceiniog bob tro y gwnawn i hynny,' atebais, 'mi faswn yn ŵr bonheddig ynghynt o lawer nag y mae gobaith i mi fod.'

---

dyro: rho (rhoi)
pupur: *pepper*
gyni hi (G.C.): h.y. ganddi hi, gyda hi
tywalltais (G.C.): *I poured* (tywallt)
pa fodd: sut
cyhyd: mor hir

cydio: *to take hold of*
crafu: *to scratch*
trafferth: trwbl
cyfaill: ffrind
ynghynt o lawer: *a lot sooner*

135

Aeth y bachgen ymaith i roi un cynnig arall ar y gwaith.

Yn y man, daeth un ohonynt yn ôl gyda chath nobl dan ei gesail, a gwên ar ei wyneb.

'Dyma hi o'r diwadd,' meddai.

Yr oedd yn ddu, ac yr oedd ganddi gynffon gwta, ond nid fy nghath i ydoedd.

'Lle cefaist ti hi?' gofynnais.

'Ei gweld hi yn mynd i ryw dŷ ddaru mi,' meddai, 'ac mi es ar ei hôl hi. Lle mae y chwech?'

'Yn fy mhoced i,' atebais. 'Nid fy nghath i ydy hon.'

'Ond mae hi'n ddu.'

'Ydy, yn tydy.'

'Ac mae ganddi gynffon gwta.'

'Oes, rydw i yn gweld; ond mi fydd gin titha gynffon gwta hefyd os nad ei di â hi yn ôl.'

Edrychodd y bachgen yn graff arnaf.

'Ydach chi wedi colli cath o ddifri?' gofynnodd.

Daeth drych-feddwl i 'mhen i. Yr oedd yn ddigon hawdd gweld na ddaliai'r bechgyn y gath o gwbl, felly gorau po gyntaf i gael gwared â hwynt.

'Na, choelia i,' atebais. 'Smalio hefo chi roeddwn i.'

Poerodd y bachgen ar lawr, ond cyn iddo gael amser i ddweud ei brofiad, daeth bachgen arall gyda chath ddu â chynffon gwta atom.

'Gillwng hi, mab,' ebe y bachgen cyntaf.

Gwelais mai fy nghath i ydoedd, a dywedais wrth y bachgen am beidio â'i gollwng.

'Gillwng,' gwaeddai y bachgen cyntaf drachefn, 'dydy'r hen ffŵl ddim wedi colli cath. G'neud sbort am ein penna ni roedd o.'

Gollyngodd y bachgen hi o dan fy nhrwyn, a chefais y pleser o'i gweld yn rhedeg yn ôl cyflymder o ddeng milltir yr awr oddi wrthyf.

Ond daeth yn ôl cyn y nos. Efallai nad oedd yn dda gennyf ei gweld.

---

nobl: *fine*
cesail: *armpit*
daru mi (G.C.): gwnes i
yn graff: *earnestly, keenly*
gorau po gyntaf: *the sooner the better*
na, choelia i: *no, not likely* (coelio)

smalio (G.C.): *to joke, to pretend*
poerodd y bachgen: *the boy spat* (poeri)
profiad: *experience*
gillwng hi: h.y. gollwng hi, *let her go* (gollwng)
drachefn: eto